近江・坂本の町屋
旧岡本家解体記
―解体から再生へ―

須藤　護
横田雅美

目次

はじめに

長い歴史をかさねてきた古い町には店舗や仕事場を兼ねた町屋とよばれる住居が建ち並んでいる。その景観は木造建築の特性を存分に生かし、日本特有の美しい町並みを形成してきた。今日においても、京都や小京都とよばれる町にはそのような景観が残されているが、生活の近代化（合理化）と維持管理の難しさにともない、減少を続けているのが実態である。このようなことが言われるようになって久しい。

令和5（2023）年3月、滋賀県大津市坂本の町の一角に存在していた町屋が、長年の役目を終えて解体される時を迎えていた。本書をまとめてみたいと考えたきっかけは、この町屋が解体される過程を見学する機会を得たことであった。さらにはこの町屋にたいして深い愛着を感じていたこと、そして解体される最後の段階まで見とどけることで、今日まで存在してくれた町屋に対して感謝の意を表すことができるのではないか、という思いがあった。解体に至るまでの経過はあとがきで記してみたい。

この町屋の建て主は岡本平次郎という人であった。あるいは平次郎氏の御尊父であったかもしれないが、残念なことに岡本家と町屋に関わる情報は非常に少ない。しかしながら、この町屋自体が発信してくれた情報はたいへん豊かなものであって、解体現場に立てたことはとても有意義であり教えられることが多かった。

さて、岡本平次郎氏の住まいは大津市坂本の井神通りに面していた。井神通りは全国に鎮座する日吉神社・日枝神社の総本宮として知られる日吉大社を起点に、びわ湖に向かってまっすぐ東西に伸びた道である。日吉馬場ともよばれ、神社の背後には比叡山が連なっている。岡本家の建築年代は、床の間の框の裏側に「川原町久保（久條？）菊之助 明治33年7月」という墨書が見え、また神棚の裏側に明治35年という墨書が残っているので、このころ竣工したのであろう。明治33年は西暦で1900年、35年は1902年にあたる。古民家とよぶにふさわしい堂々たる風格の町屋であった。

岡本家は明治35年当時、大津市の中心地であった浜大津で材木商を営んでいたと伝えられている。岡本家と坂本との関係、また材木商としての創業年代や営業の実態、廃業した年代など、この家がたどってきた歴史は明らかではない。しかし浜大津には湖水が入り込む入江が形成された一角があり、びわ湖を渡ってくる船の荷上場として機能していた時代が続いたことは知られている。この入江を金蔵関、または大浜とも呼んでいたことから、古くから大いに栄えた港であったことがうかがえる。

岡本家は、浜大津という商業活動にもっとも適した繁華な土地を拠点にして材木商を営んでいた家であり、その一方で坂本に規模の大きな町屋を構えていたことから、富裕な商家であったとみるのが自然であろう。

次に岡本家が商業活動の拠点としていた浜大津と、生活の場としていた坂本がどのような地域であったのか、地域の特性について概略を記してみたい。今日浜大津とよばれている地域は、橋本町、湊町、御蔵町、中ノ浜町、蔵橋町、川口町、東・西今颪町、今堀町、水揚町といった旧町名が名を連ねており、昭和42（1967）年に大津市と合併している。旧町名からも港町として、また商業の町としての機能を持った町であったことがわかる。

その一方で浜大津を中心とした一帯は信仰の場としても知られた地域であった。浜大津からびわ湖の西側に位置する坂本にかけて、園城寺（三井寺）、近江神宮、志賀八幡宮、盛安寺、日吉大社、延暦寺、西教寺等の大寺院と著名な神社が立地している。またびわ湖から流れ出る唯一の河川である瀬田川に沿って右岸には石山寺、立木観音堂が立地し、左岸には建部大社が鎮座している。つまり浜大津は交通、流通の中心地であったばかりでなく、近隣に著名な神社仏閣をひかえた信仰の領域であった。

明治以降、湖上交通は蒸気船の時代を迎え、湖上交通もスピード化がはかられる時代になった。明治23年には浜大津の北に位置する三井寺下から京都蹴上間に疎水工事が完成し、大津に集荷された物資が疎水を通して京都に運ばれることになった。また疎水の落差を利用して水力発電が行なわれ、この電力を利用して京都市内に市街電車が走行できるようになった（竹内ほか1979）。江戸時代以前から明治時代にかけて、浜大津は活気のある港町、商業の町として機能していたのである。

その後次第に陸上交通への転換が進んでいくが、陸上交通時代に入っても引き続き浜大津は中心的役割を果たすことになった。町の中央には国道がはしり、大津港のすぐ上手には大津と京都三条を結ぶ京阪京津線、そして坂本（延暦寺・日吉大社）と石山（石山寺）を結ぶ石坂線が乗り入れし、その中心である浜大津駅が人びとの足を支えている。そのすぐ北方にはやはり人びとの足となるバスのターミナルが設置された。

浜大津は今日なお大津の経済、通信、観光の拠点であるといっていい。滋賀銀行本店、みずほ銀行大津支店、京都信用金庫大津支店、朝日生命大津支店、大津電報電話局、そのほかホテルや各種企業が集まり、また観光を目的として整備された大津港は大型遊覧船の運行があり、ヨットハーバーなども整備されて賑わいをみせている。

現在下阪本で製材所と建設業を経営されている森江康平氏（１９４６年生）によると、浜大津に5軒、坂本には6軒の材木商と製材所があったという。つまり浜大津から坂本までの間、10㎞ほどの間に11軒もの材木を取り扱う業者が営業していたことになる。岡本家はその1軒であり、もっとも湖に近い場所に店を構えて著名な寺社仏閣や町屋の木材需要に対応していたようである。しかしながら木材不況のさなか、また建築工法の変化とともに、森江家経営の製材所以外の業者の多くは廃業に追い込まれていった。その中に岡本家も含まれていたようである。

先に記した神社仏閣は、東山山地から比叡山地に続く山並を背後に控えて、広大な山林を所有していた。その代表が延暦寺であり、その領域は南は滋賀里から北は仰木まで10㎞あまりの距離になる。しかもこの山林は滋賀県側と京都をまたがって続いている。延暦寺は三塔十六谷とよばれる山域に数多くの堂坊を抱えており、その建築材や屋根材、土木用材として良質な建築材やそのほかの樹木を大量に必要としていたのである。この地域に材木商、製材所が多い理由の一つは、寺社がもつ広大な山林の管理、伐採・搬出、製材等の作業を業者が請け負っていたからであった。

旧岡本家は滋賀銀行坂本出張所として使用されていた時代があった。坂本に在住し、現在80歳をこえた人であればその時代を記憶している人は少なくない。その時代は昭和10年代から20年代のことであったようである。

滋賀銀行は明治14（1881）年に犬上郡彦根町（現彦根市）に設立された百三十三銀行と、蒲生郡八幡町（現近江八幡市）に設立された八幡銀行が合併して誕生した銀行である。昭和8（1933）年であった。

彦根は井伊家の居城であった彦根城をひかえた地域で、湖東地方の政治、経済の中心地であった。また近江八幡は近世初期に城下町として整備されたが、後に八幡掘という水路を活用して変貌した商業の町であった。多くの近江商人を輩出した町として知られている。いずれの町もびわ湖の東岸に位置しており、南岸に位置する浜大津と同様商業活動が活発に展開された地域であった。

なお滋賀銀行本店の所在地は彦根でもなく近江八幡でもなかった。滋賀県を代表とする銀行が選んだ地域は浜大津であった。興味を惹かれる事実である。

『滋賀銀行五十年史』によると、滋賀銀行の前身である八幡銀行の前身は、大津に本拠をおく大津銀行であった。明治13（1880）年の記事に「大津銀行支店、株主三十二名、一株百十二円、（二月）二十一日旧船橋家開業」とある。大津銀行八幡支店のことで、明治13年2月21日に八幡仲屋町の旧船橋家を店舗にしていたことが記されている。明治時代に設立された銀行が一時的に民家を借用、もしくは購入していた事例は少なくなかったようである。その後明治15年に八幡銀行が誕生すると本店を八幡小幡町に置いている。借家住まいから新たな本社屋を建築したものと思う。八幡は現在の近江八幡市である。

滋賀銀行が開業したのは昭和8年10月2日であった。それよりも3カ月ほど前の7月7日付の記事に「合併時各店別預金・貸出金状況」という一覧表が載っている。その中に坂本出張所という欄がみえている。滋賀銀行開業3カ月前の資料であるから、坂本出張所は合併前の八幡銀行の出張所ということになり、その店舗が旧岡本家であったとすると、昭和8年以前から八幡銀行の出張所として旧岡本家が使用され、滋賀銀行出張所として引き継がれたことになる。

旧船橋家を店舗にしていた大津銀行八幡出張所の事例を思い起こしてみると、旧岡本家が出張所として使用されていたことは十分考えられることである。さらに昭和8年の合併契約書の中の覚書として、「本店坂本出張所　滋賀県滋賀郡坂本村」とあって、坂本出張所が八幡銀行から滋賀銀行の管理に移ったことが明記されている。

現在旧岡本家の近所に住んでいる大澤久子さん（1943年生）によると、祖父（大澤粂吉・明治18〈1885〉年生）が滋賀銀行坂本出張所の経営に尽力した人であったという。久子さんが5歳の頃であったというから、戦後間もなくのことで、道路に面した土間部分と玄関ホールとして使用していた板の間と八畳の和室を出張所として使用していた。

その当時八畳の和室は板の間であって土間と玄関ホールの間にカウンターが設けられていた。事務スペースは約七坪（十二畳）、お客さんのスペースは四坪（八畳）ほどになる。用務員のような人もいて、店はいつもきれいに清掃されていたという。今から20年あまり前のことであるが、この家の改修をした際に床下に石を積み上げた頑丈な台のようなものが造られていた。大きな金庫を置いた跡ではないかとのことであった。自然石ではなく明らかに構築されたものであった。

正確な年代はわからないが、この家が滋賀銀行の出張所として使用されていた時期に、岡本氏は三井寺の近くに移り屋敷を構えていたようで、久子さんは祖父に連れられて何度も岡本家の座敷で遊んだことがあったという。小さかった頃の話であり、座敷が非常に広かったことと床が高かったことがつよく印象に残っているという。座敷は十二畳の広さで、北側の襖を開けると六畳の和室とつながっている。

庭には縁の近くに手水鉢が据えられ、さらに蹲踞《つくばい》が据えられていて、石の鉢が載せられていたこと、蹲踞の近くには小さな池が掘られていたこと、庭先にはハランという草が植えられていたことも話してくれた。ハランは料理に添える植物であるという。また土間と通りニワの境に猿戸が設けられていて、その奥に井戸が掘られていたことも記憶されていた。猿戸（後述）は現在も保存されている。

旧岡本家の広い座敷は銀行のサロンのような役割を果たしていた。滋賀銀行と関係が深い坂本や下阪本の旦那衆がよく利用していたようであった。そのうち10名ほどの名前をあげてくれたが、これら旦那衆は大口の預金者であり、坂本出張所を支えていた人びとであったであろう。大澤粂吉さんは教養人であって、これらの人びとと対等に話し合い、また碁を打つなどして接客していたようである。比叡山高校の第1期、もしくは第2期の卒業生で、英語も流暢に話せる人であったという。

大澤久子さんは解体する前に一度座敷を見てみておきたかったが、それがかなわずとても残念であったと当時を懐かしがった。坂本に住んで、旧岡本家のことを記憶している人びとの多くは、同じような思いを抱いているであろう。解体の期間中に覗きに来る人、通りがかりに足を止める人はとても多かった。

昭和20年前後には岡本家は坂本を引き払っていた形跡があり、その後の足跡を辿ることができないでいる。ただ一点だけ確実な事実があった。坂本の井神通りのほぼ中程に日吉御田神社が鎮座しているが、平次郎氏はこの神社の氏子として神社を支えていた。その痕跡が坂本の日吉御田神社の境内に設置された石碑に残されている。その石碑の前面には、「大津市岡本平次郎　一金百萬円」、裏面には、「昭和四十六年、保存資金　一金五拾萬円　岡本平次郎」と刻まれている。合計150万円という金額は、当時としては大金の部類に入るであろう。

毎年5月2日、3日、4日は、日吉御田神社の春の例祭にあたるのであるが、本祭りの日である3日は神輿を神前に曳き出して飾り付けをする。そして神さまを移した後、町内を渡御するのであるが、この神輿の修理、鳳凰、蕨手、鈴、飾り幕などは、岡本氏の寄付金で購入していた。最終日の4日には氏子衆が神輿の装飾をはずし神輿蔵に納めるのであるが、飾り物を納める箱の裏書きに「昭和46年4月吉日、岡本平次郎氏寄進により修復す」と記されていることでわかる。神輿の修復と共に飾り物も新調しているのである。

神輿を修復したこの年（昭和46〈1971〉年）、日吉御田神社の神輿は三井寺地区に居住していた岡本氏の家の前まで渡御した。もちろん長年にわたる善意に対して感謝の意味を込めてのことであった。このとき平次郎氏は涙を流して喜んでくれたと伝えられている。

また坂本では8月23日に各町内で地蔵盆が行なわれるが、その際に使用する大型の屋台も平次郎氏の寄贈によるものであった。地蔵盆の前日、組の男性たちが神社の倉庫から屋台の部材を境内に持ち出し、境内に屋台を組み立てる姿が長らく続いていた。現在（令和5〈2023〉年）から換算すると50年あまり前になるのだが、岡本家はこの時代まで坂本の町との太い絆を保っていたことになる。

一方、滋賀銀行坂本支店は、その後井神通りをさらに下った地点に社屋を建設し、今日営業を続けている。この事例を別の視点からみると、町屋は単に居住するだけの建物ではなく、商業活動に十分対応できる建物であったことを教えてくれるたいへん興味深い事例であろう。

第1章　旧岡本家の解体

1　旧岡本家の概要

この章を始めるにあたって、旧岡本家の規模と部屋の位置関係、町屋の構造や使われている部材の特徴などについて記しておきたい。解体作業は複雑な過程を経ておこなわれ、その過程では合理的な考え方が随所にみられた。

旧岡本家の規模は間口約四間半(注1)、奥行き約七間で一階の建坪は約三一・五坪、一階と二階(収納に使用された屋根裏を含む)を合わせた総坪数は六〇坪ほどになる。それに間口約二間、奥行き約三間の離れ兼物置が付属しているが、この度は主屋だけを対象にしている。この家の一間は平均して1m99cmあり、今日基準としている一間＝1m82cmよりもかなり広めである。

屋根は切妻の大屋根で平方向が道路に向き、妻方向は隣家に向いている。町屋の多くは隣の敷地との間隔が狭い。旧岡本家も隣家との境までは50cm～60cmしか離れておらず、隣の屋根と屋根がぶつかるほど接近している。平方向を道路に向けるのは、両隣りの屋敷地に雨だれが落ちないようにする配慮であるという。

旧岡本家が面している井神通りは東西に走っており、西に比叡山、東にびわ湖を臨むことができる。

屋敷は道路の南側に位置しているので、主屋は正面が北向きになる。またこの地域の標高は西（比叡山側）から東（びわ湖側）に行くにしたがって低くなる。旧岡本家の敷地の西端から東端までは10ｍあまりあり、その高低差は60㎝ほどになる。

道路に面した家の正面は堂々たる町屋の風格を呈している。玄関は東側に位置し、入口の幅は１ｍ20㎝あるのでかつては大型の板戸が入っていたとみられる。この地方の古い民家をみると板戸の上部を格子状に加工し、その部分に和紙を張って明かりをとる工夫がなされていた。旧岡本家にも同じような板戸が入っていたようである。鍵を必要としない社会を象徴するような造りであったが、現在は頑丈そうなサッシの開き戸を付けている。

建物は大きく分けて西側に接客の空間、東側に家族の空間が広がっている。正面玄関の西側は二間半ほどの幅があり、その間に竪桟を密に組み立てた格子がはめられていた。再利用するためにすでに取り外されていたが、この種の格子は坂本の町屋にはよく見られたもので町屋の象徴的な存在であった。格子は取り外しができるもので、高さ１７２㎝、幅は３６３㎝で、１８１㎝、90㎝、92㎝幅の３枚を連ねている。もっとも端の格子に止め具をつけて固定する形式である。

玄関を入ると二・五坪ほどの土間になっており、座敷への上り口である広縁を含めると四・五坪ほどの開放的な空間になっている。玄関と広縁の西側に八畳の和室を改造した応接室が続いている。土間、広縁、応接室は、滋賀銀行が出張所として使用していた空間であった。表紙の写真はその空間を撮ったものである。

応接室と屋外を隔てる建具は、外側から格子戸、ガラス引き戸、障子戸が立っている。障子戸を開け

明りがとれる入口の引戸（坂本）

坂本の町屋を象徴する格子（旧岡本家）

庭に面した12畳の和室。毎年4月中旬に伊勢神楽の一団がまわってくる

ると道路を行きかう人びとの姿が目に入る。日吉山王祭など、祭りの際には居ながらにしてその雰囲気を楽しむことができた。また道の端の用水路には水が勢いよく流れておりその音が心地よく聞こえてくる。

応接間の奥(南)には六畳の和室、さらにその奥に十二畳の和室が続いている。十二畳の和室にはそれぞれ一間幅の床の間、脇床、神棚が設置されている。和室同士を仕切る襖を開ければ合計十八畳の大広間が出現するという造りで、ここが滋賀銀行時代にサロンのような場として使われていた。

一方東側の土間の奥(南)も土間が続いていた。通りニワ(表の入口から裏口まで通された細長い土間)である。玄関の土間との境にはやはり幅広の格子戸が立っていた。この戸を土地の人は猿戸(注2)といっている。通りニワの奥行きは四間半ほどあって、古くは竈、流し、水甕など台所の設備が整い、一番奥に井戸が掘られていた。20年あまり前に床が張られてダイニング・キッチン、浴室、サニタリーに改造されている。勝手口を出るとその先は小さ

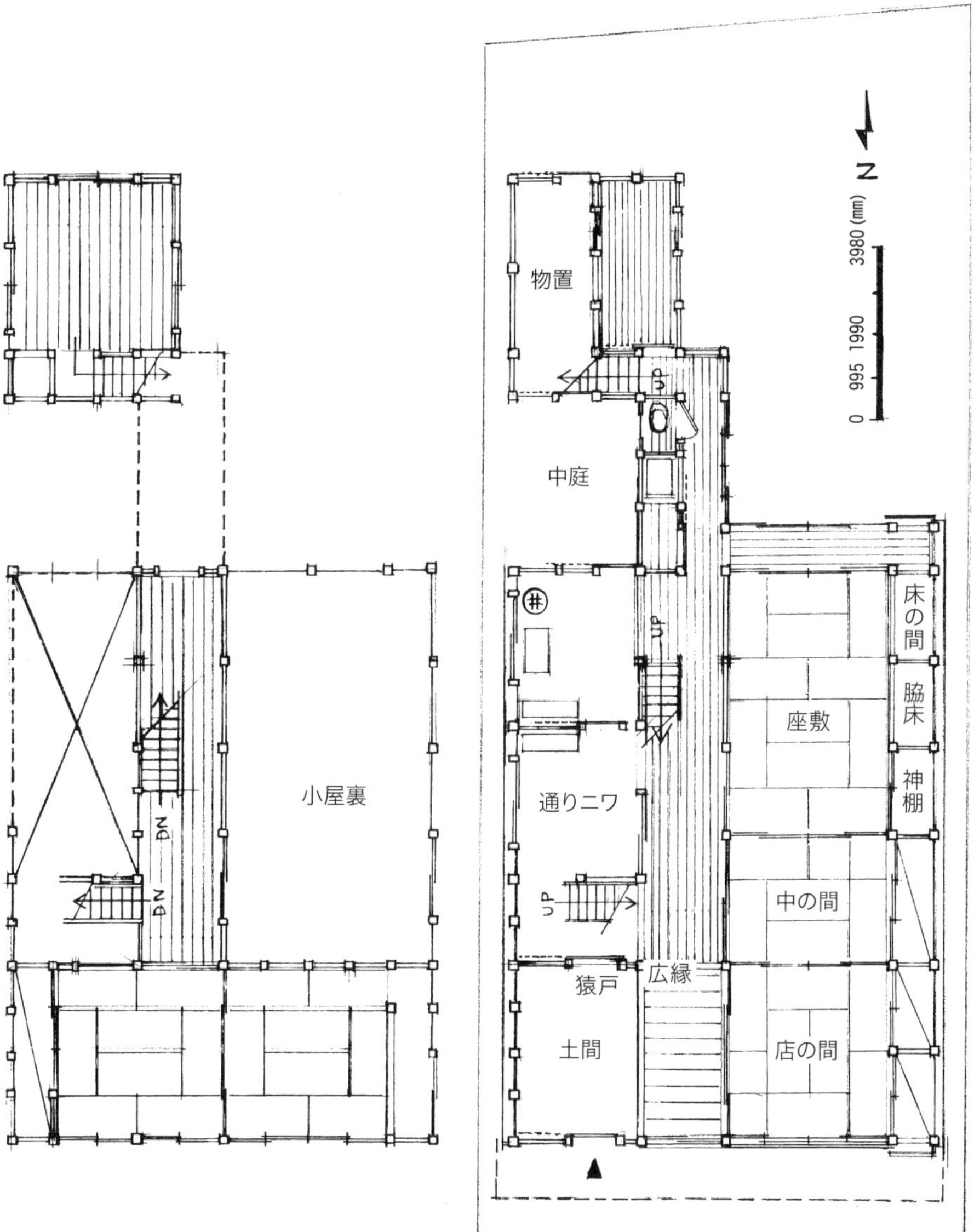

図１　旧岡本家平面図（復元）

な庭になっていて、洗濯物の干場とささやかな鉢植えの花が並んでいた。通りニワを含めた東側の空間は家族のための空間であった。

通りニワには階段が設置されていた。二階に上がると道路に面した北側に八畳の和室が二部屋あるが、天井高が2ｍ20㎝ほどとかなり低い。しかも平側は屋根の勾配に沿って軒が低くなるので、もっとも北側は鴨居の高さも1ｍ60㎝ほどになり、平均身長の人でも頭を打つ危険性が多分にある。こちらは家族用の空間になっている。

二階の東側（かつての通りニワの上）は吹き抜けであった。現在は一部を残して床を張っているが、古くは梁や桁など太い構造材が姿を現しており、豪快な造りであったことがわかる。その面影が、二階西側の広い小屋裏に残っている。この空間は座敷の真上にあたるので、十八畳の広さになる。

小屋裏なので畳はなく、部屋としての化粧もしていない。そのため豪快な太い梁や大引、母屋《モヤ》を支える束《つか》が見えている。太い梁や大引にくらべると心細いような束であったが、芯持ちの材は圧縮に強いので十分耐えることができている。

（注1）　床の間や押入れの幅が75㎝（芯々）、土間の幅が2ｍ50㎝ほどあり、このような数値は間数に換算すると端数が出るので間数の前に「約」をつけた。

（注2）　「猿戸」は露地等に設置される建具で、露地は茶室への道、隣家との間の狭い通路、町屋の通りニワや坪庭をいう。旧岡本家は玄関から台所に続く土間との間に猿戸が設けられていた。

かつて吹き抜けであった通り土間

家を支える小屋裏の構造材

2　解体の作法

（1）「解体」と「破壊」

この度、一連の解体作業を見学できたことによりつよく感じたことは、「解体」と「破壊」はまったく別の行為であるということであった。「解体」とは壊すのではなく、解《ほ》き解《と》していくという意味であることを改めて認識することになった。解体には手順があって、その手順には合理性があることが理解できるようになったのである。言い換えれば、解体のそれぞれの段階で、意味のある行為が伴っているということであり、その行為は建設という工程の逆を丁寧にたどるということになる。

解体作業において、もっとも優先される考え方は人命の尊重である。解体には常に危険が伴い、手順をまちがえると建物が崩壊する危険性があり、また強風や地震などによって解体中に倒壊することもありうる。いずれも人災と言っていい。

このような事故を避けるためには「解体の基本的な作法」を守る必要がある。解体の対象となる建物と真正面から向き合い、建物を構成している各部材の役割を理解し、常に建物のバランスを崩さないようにして慎重に解いていく。この作法が守られている解体はきわめて合理的であり、「美しい」という表現があてはまるほど見事なものである。

（2）役割の分担

旧岡本家の解体にあたった作業員の役割分担は次のようであった。作業は必要に応じて4、5人の場合があったが、通常は3人による作業が続いた。3人の場合は、1人は重機を操って部材を解いていき、1人は重機による作業がしやすいように解体の補助をする。具体的には、重機の操縦者と話し合いながら解体の順序を定め、太くて長い梁や桁を除いていく場合は、バランスを崩さない部所を見定めてあらかじめチェンソーで分断したり、安全のために重機まわりの廃材を片付けたりすることである。

3人目の作業員は、重機の操縦以外のいかなる作業にも対応する。たとえば古い民家は土壁が多く使われており、屋根瓦の下にも厚さ6、7㎝ほどの土が一面に敷かれていることから大量の土埃が舞い上がる。それをおさえるために解体が始まるとホースを持って水をかける。また作業の邪魔になる廃材を撤去したり、現場を通行人が通る際には作業中断の指示を出したりもする。

重機の操縦もあざやかなものであった。とくに壁材や、柱と壁材を支える貫材などは、縦横に編んだ竹材と壁土が絡んでいることが多い。ハサミのついた重機でこれらを持ち上げ壁土をふるい落とし、木材や竹材だけに選り分け、廃材を積んだダンプカーの荷台に降ろしていく。このとき作業員の1人は荷台に乗り、ひたすら材と材の隙間を埋める作業に従事するのである。重機を駆使することで廃材の分別までこなすことができていた。

2台の重機と5人の作業員でおこなう作業もあった。重機の操縦に2人、重機の作業補助者が1人、屋敷地に入った2台のトラックの荷台に乗って廃材を隙間なく並べていく者が2人となる。1台には

人はそれぞれの役割を果たした

現場での打ち合わせは欠かさない

柱、梁、桁、大引、土台など大きな部材を載せ、別の1台には天井や床材、垂木材、その他板材や諸々の木切れを載せる。大物材と小物材を分けて載せることで材と材との隙間をなくし、より多くの材を効率よく載せることが可能になる。その積み方に美しささえ感ずることであった。美しいということは、

解体前の清掃

合理的な仕事をしていることと同意であるといっていい。

荷台に満載された廃材は処理場に運ばれていき、その間も重機は働き続けていた。あまり作業環境の条件がよくなかったのにもかかわらず、一階と二階を含めて総床面積六〇坪ほどの家が10日間あまりで解体が終了している。残土処理と整地を含めると実質の作業時間は約20日間であった。

近年は産業廃棄物の処理方法が厳密に規定されており、木材や竹材などの有機物と、金物類、プラスチック類、断熱材、システムキッチンやバス・トイレなどの部材は、きびしく分別しないと処分ができないことになっている。古い建物は何度か修復作業をおこなっているが、その際に石綿が使用されていることがわかると、さらに面倒な処理が必要になる。なかなか厄介な問題であるが、ある程度は重機で分別することが可能であり、細かい分別は手作業でおこなうことになる。

表1　旧岡本家　解体作業工程

日付	作業内容			備考
	東側	西側	共通	
3月24日			屋根瓦を降ろす	瓦業者
3月25日～27日				作業なし
3月28日				小型重機準備
3月29日	下屋と虫籠窓の解体		ガラス戸、板戸、畳類の取り外し 一階正面下屋・庇・袖壁	解体業者
3月30日	玄関土間 二階8畳和室(土間の階上)			
3月31日	玄関土間 二階8畳和室	一階和室、二階和室	一階正面下屋・庇 産業廃棄物処理	
4月1日～2日				作業なし
4月3日		二階屋根 2間分の虫籠窓 8畳和室	産業廃棄物処理	
4月4日		一階6畳、12畳和室 二階小屋裏の壁 外壁		
4月5日	ダイニングの壁	二階西側屋根 小屋裏、座敷		
4月6日			小屋梁 二階廊下 産業廃棄物処理	倒壊を防ぐためL字型に建物を残す 作業空間の確保
4月7日				作業なし
4月8日	一階食事室 食事室の壁	一階12畳和室の奥 外壁		L字型に残るよう外壁を残す
4月9日				作業なし
4月10日	一階台所、浴室		産業廃棄物処理	大型重機、中型重機の2台、トラック2台、作業員5人に増員
4月11日	一階浴室、洗面所、シャワールーム、トイレなどの水回り中心		産業廃棄物処理	大型重機、中型重機の2台、トラック2台、作業員5人に増員
4月12日～15日				日吉山王祭のため作業なし
4月16日				作業なし
4月17日			壁土の処理	
4月18日			壁土の処理	

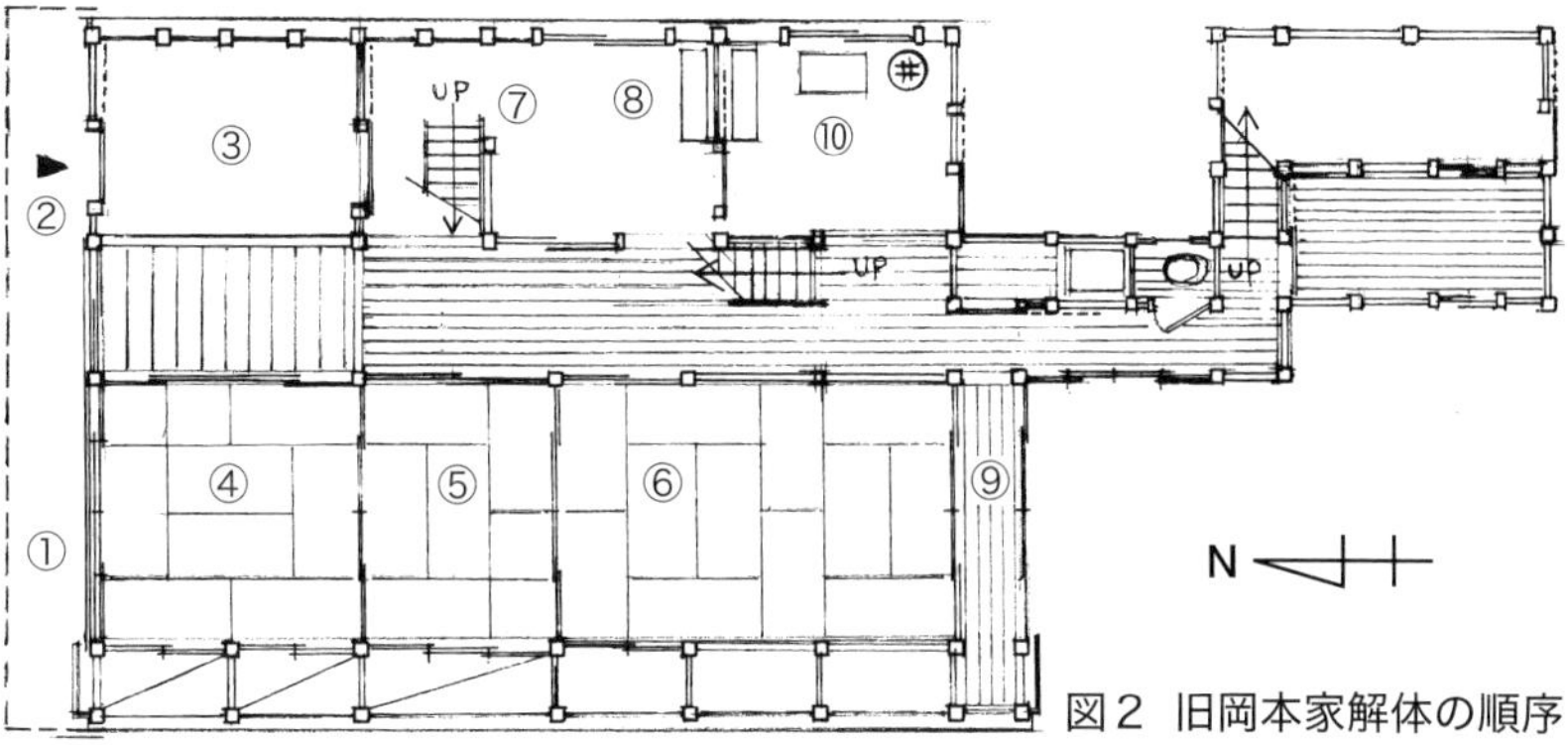

図２　旧岡本家解体の順序

以上、解体作業の主要な考え方と役割分担を追ってきたのであるが、端で見ているだけでも知識と知恵が詰まった作業であることを教えられる。

（３）解体作業の概略

この度の旧岡本家解体の順序を追っていくと、解体前に建具など解体に支障のあるものを取り除くところから始まった。次に解体の方針として、西側の接客空間と東側の生活空間を明確に分けていたことが特徴的であった。作業は西側の庇の解体から始まった①。玄関先が狭く、当初は小型の重機しか入れられなかったからである。建物正面の下屋と袖壁を取り除いた後、作業は東側を中心に進められた②。

東側の二階に設置されている虫籠窓《ムシコマド》と外壁の解体を半分まで進めた。中央部から東側の奥へ向かって約二間半の広さである。二階の屋根と二階の八畳の和室、一階の土間部分を解体し、中型の重機を屋敷地に入れるための五坪ほどの空間を確保した③。

その後は西側の作業に移る。もっとも南側に位置する下屋（廊下）の部分を残して、一気に西側の和室３部屋の解体を進めた④⑤⑥。

西側がほぼ終わった段階で、作業は再び東側に移って解体を進めるという手順をふんだ。そして東側の二階部分を取り除いた後は比較的余裕をもって作業をおこない、屋敷地に山積みになった廃材の整理とその輸送を並行する形で進めていった。

このような作業手順をふんだ理由について、工事責任者の三浦直次氏は忙しい作業の合間をぬって次のような説明をしてくれた。話は手みじかであったが、その内容は興味深いものであった。

最初に玄関先の庇を取ったのは重機を動きやすくするためであり、東側より西側の方が玄関先が狭かったので先にはずしておいた。次に道路に近い東側の二間×二間半を解体した。その理由はとにかく屋敷地に、しかも東側に中型の重機を入れて動きやすくするためであったという。

この家は直径20㎝をこえる太くて長い材がたくさん使用されていた。小型の重機ではそれらをはずすことが難しい。高いところまでアームが届かないし、大きな材を支える力がないので中型と大型の重機を早く入れたかった。さらには廃材となった木材を積むためのダンプカーを屋敷地に入れる必要があったのである。当初は手作業で廃材を片付けながらの解体であったので、大幅に作業が遅れていた。

東側の二間×二間半の解体の後に西側の和室群の解体を優先したのは、柱間が広く、大きな空間が続くからであった。西側の道路側の応接間（かつて滋賀銀行が使用していた部屋）は、歩道から6、7ｍの奥行きがあり、屋敷の幅は10ｍあまりある。ここを解体することで60～70㎡ほどの空地を確保でき、大型の重機が入り大型の梁や桁などの材をはずすことができるようになった。

解体は六畳の和室、そして十二畳の和室へと進んだ。梁間が二間の部屋が続く広い空間である。このような空間は柱を1本倒しただけでバランスを崩し倒壊する危険性があった。作業は建物のバランスを見ながら慎重に進められた。柱の少ない空間は倒壊しやすいけれども広い空間をつくりやすいという利点がある。その利点を生かし、最も南側の下屋（廊下）の部分⑨を残してより広い作業場を確保した。

これに対して東側の土間の先は古くは通りニワであって、外壁には半間ごとに太い柱が立っており柱の多い空間であった。またこの空間は改造が進み、食事室、台所、浴室、洗濯室など、小さな部屋がい

西側から東側へ順に庇をはずす

西側の土間と２階の解体

柱が少ない和室がつながる一階西側の空間

くつも分かれていた。このような柱が多い空間は倒壊しにくいために急いで解体する必要はなかった。そこで西側の和室群の解体を優先したのである。

解体する範囲は二間（約４ｍ四方）を単位にしていた。一気に解体を進めると自然倒壊しやすくなるからであった。また座敷は解体したが押入れの部分は残して次の機会に解体する。常に建物をＬ字型に保っておくことで、柱間が広い空間であっても倒壊を防ぐことができるからであった。

ある程度解体が進むと、廃材となった材木や板材、そのほかの材がたまっていく。それらを分別してトラックに積み処理場に運ぶことで作業空間を広くすることができる。同時に重機を屋敷の奥の方まで入れることができるので、初期の段階でなかなか進まなかった作業が迅速に進むようになった。

西側の和室群が取り壊されると、この段階で大型の重機と中型の重機が２台入るようになり、トラックが２台入るようになった。解体された後の材の処理は、ひと通り解体が済んでからおこなうと効率的である。本格的にその処理にあたったのは作業を始めて10日目であった。作業員の人数も３人から５人に増やし、大量の壁土の処理を含めて約４日間で処理を終了している。

この時点で残っていたのは台所、浴室、洗濯室、洗面室、そしてトイレや押し入れである。このような柱の多い部所を取り除いて、建物の解体を終える。実に理にかなった方法であった。

もう一点感心したことは残土の使い方であった。井神通りは東（びわ湖側）に向かって徐々に標高が低くなっていく。岡本家の屋敷は間口10ｍあまりで、その間の標高差が60㎝ほどあった。標高差があっても屋敷地自体は平らであるので、あまり問題にはならない。しかし床下は大きくえぐれた部分と盛り上がった部分とがあり、重機が入りにくい状況であった。作業面を平らにしておかないと重機が傾いて危険な状態になりやすい。この問題は残土を利用して大きな穴を埋めて平らにすることで解決した。

解体の最中にも大型の木材や板材は取り除いていくのであるが、現場には大量の屋根の土や壁土が残された。この土の中に細かな木片、板片、金物などが含まれているため、解体の最後の作業として残された廃棄物を取り除いて整地する必要があった。

常にＬ字型に建物を残す

２台の重機と２台のトラックが入る

ワラスゴを含んだ壁土の山

壁土は壁用の土としては優れたものであったが、その一方で厄介な問題を抱えていた。屋根の土や壁土にはワラスゴ（藁を細かく刻んだもの）がたくさん含まれており、雨が降ると粘りが強くなってより滑りやすくなる。また乾燥するとコチコチに硬くなる。この性質は壁土のほかには使い道がないようであった。そのため屋敷地の整地にあたっては壁土はすべて取り除かれた。

岡本家の解体の一部始終を見学させてもらって感じたことは、理にかなった仕事は美しいということであった。理にかなうとは、解体作業においては第一に人命を尊重し、そのうえで確かな仕事をするということである。人命の尊重を基本として、作業の方法や手順が決められていく。それに技術が伴っていく。今日では重機を用いて作業のスピードアップがなされているが、スピードが速くなるほど人命の尊重がより重要な課題になっている。

解体作業の中では次から次へと場面が展開していくのであるが、旧岡本家はその都度豪快で美しい姿を見せてくれた。この家が理にかなった工法で建築されていたことがその理由であるのだが、合理的な手順を踏んだ確実な解体の方法が、より美しさを強調してくれていたように思う。加えて解体作業が済んだ屋敷地を見回してみると実に整然としていた。一人前の職人が確かな仕事をした結果であった。

3　解体の手順

(1) 建物をシートで囲い込む

旧岡本家の解体は令和5（2023）年3月22日から始まった。この日は建物を囲むようにしてポールが立てられ、ポールとポールの間にシートが張られた。主屋の大きさは間口9mあまり、奥行き22m60㎝あまりであり、建物から50㎝ほど離して約一間（1m80㎝）間隔でポールを立てる。シートを支えるポールの高さは一番高いところで約7m50㎝で、屋根の勾配に合わせて徐々に低くしていく。一番低いところで約5m25㎝であった。このポールの高さは一定の基準があるので、後に建物の棟の高さや軒や窓の位置などを推定する際に役立てることが可能であった（注3）。

建物をシートで囲う目的は、第一に解体時に出る埃やごみの類を周囲に拡散させないためであり、第二に風を防ぐことにより解体中の建物を安全に保つためであった。台風など大風に見舞われた際にはある程度のシートをはずし、風の抵抗を少なくすることで対応している。また廃棄物がたくさん排出される解体現場において、目隠しの役割があり、特別なシートとして防音効果のあるものも用いられている。かなりの騒音を出すことが珍しくないからである。

今回の解体作業は日吉山王祭の期間（4月12〜15日）が含まれていた。祭りの期間中は車が入ることが

建物をシートで囲み作業が始まる

できないので作業は中断されたのだが、解体現場には真新しい防音用のシートがかけられていた。山王祭の関係者や見物客に敬意を払ったのかもしれない。

（注３）ポールは長さ45㎝ごとにグリップで接続されていて、どのポールであっても芯から芯までの長さが45㎝であった。そして建物の棟の高さはポールの一番高い地点から１段下がった地点とほぼ一致するので、棟の高さが計測できることになる。具体的には、ポールの高い地点は長さ45㎝の節を17数えることができたので、その45㎝下の高さが７ｍ20㎝になる。加えてポールを支える脚の部分が30㎝の高さなので、合計７ｍ50㎝という数値を算出することができる。これが旧岡本家の高さであった。

（2）屋根瓦を降ろす

解体作業の第2段階は屋根の瓦を降ろす作業であった。この作業は3月24日におこなっている。22日に建物の周囲にシートが張られ準備はできていたのであるが、23日が雨天であったからだ。この日の作業に携わった屋根職人は6人であった。

長い梯子を屋根にかけると、5人が屋根に上がっていった。最初に鬼瓦をはずした。この家の鬼瓦は長さ66㎝5㎜、高さ35㎝7㎜、幅20㎝ほどの立派なもので、両側に長さ55㎝、高さ18㎝4㎜、幅15㎝ほどの脇瓦がついている。一つの鬼瓦の正面には家紋が刻まれ、もう一つの鬼瓦には「水」という文字が刻まれている。火事に対する心構えが表れており、民家にはよく見られる形である。この鬼瓦は当初再使用する予定で保存された。

その後、屋根の上の2人は棟瓦からはずし始め、はずした瓦をすぐ下に陣取った2人が受け取り、さらに下にいる1人に手渡す。そして軒下に駐車したトラックの荷台めがけて投げ降ろされる。地上には1人が残り、屋根の上の作業で必要なものを下から上げる役割を担った。屋根に関わる作業では必ず地上で動き回る人が必要であった。

茅屋根をふく場合などは茅や藁縄、道具類を持ち上げるなど地上と屋根を往復する作業にあたる。これらの人びとを「地走り」といっていた。文字通り地面を走り回って屋根の上の職人の所要に答えるのである。瓦屋根の場合も同じようであった。

旧岡本家の屋根の面積は建坪（間口約9ｍ、奥行き約14ｍ）、屋根の勾配を30度を基準にすると約150

㎡、概算であるが坪数に換算すると約五〇坪（下屋部分を含む）になる。瓦を降ろす作業をおこなった屋根職人の話によると、概算で桟瓦３０００枚、加えて鬼瓦、棟瓦、熨斗瓦、軒瓦、袖瓦など、桟瓦以外の瓦が約１０００枚、合計４０００枚ほどの瓦が載っているであろうとのことであった。正確な数値を出すことがむずかしいが、１枚の桟瓦の重さが約２・６㎏であるから、桟瓦だけ単純に計算しても７・８ｔの重量になる。

瓦のほかに、瓦を支えるために厚さ６、７㎝ほどの土が屋根全体に載っている。この土には藁がふんだんに混ぜられていて、壁土のようにしっかりしていた。現在は土の重さを計測することは不可能だ

取り外された鬼瓦

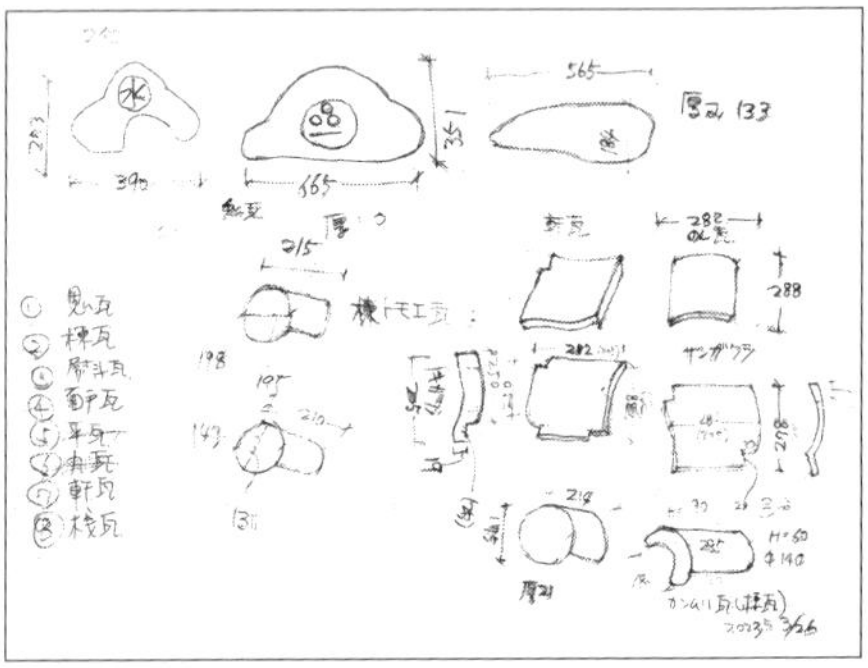

図３　屋根から降ろされた旧岡本家の瓦

地上には作業補助者が待機する

が、相当の重さが屋根に乗っていることになる。このことは建物の構造と密接に関係するので、おおよその屋根の重量を出しておくことは必要なことであろう。

屋根瓦を降ろす作業は2日間を予定していたが、作業の手際がよかったようで1日で終了している。屋根には瓦を支える土だけが残された。

（3）下屋と虫籠窓の解体

本格的な主屋の解体は3月29日から始まった。屋根瓦を降ろしたのは24日であったが、その間数日雨が降る日があったので解体に入る日が遅れたのである。瓦屋根の下には高い密度で土が載せられ、その下には杉皮、そして野地板が張られているのだが、家の中のあちこちで雨漏りの跡が生々しく残っていた。屋根材としての瓦の役目が大きいことを改めて実感する光景であった。

解体に入る前にガラス戸や板戸、畳類がすべてはずされた。そして初日の解体は困難を極めた。主屋の軒先から歩道までは3ｍほどしかなく、先に述べたように、そこに小型の重機を入れて一階の下屋の取り壊しを始めた。いかにも窮屈そうであり、しかも人が近づいてくるとすぐに作業をやめなければならなかった。その人が通り過ぎるとまた別の歩行者がやってくるという状況で、作業はなかなか進まない。

この度の現場は比較的人通りの多い地域であり、そのため通行人に対する配慮も重要な仕事であった。折から桜が満開の時期であって、日吉大社の参道や井神通りには地域住民のほかに花見客が行きかっていた。通行人が近づいてくると重機の操縦者に合図を送って作業を中断させる。通行人が通り過

通行人が近づくと作業を中断する

ぎるとまた合図を送り作業が再開する。その連続であった。作業者と歩行者の安全確保が解体の重要な作法であることが、さっそく形になって表れた。

旧岡本家の下屋は主屋の軒桁から1m50㎝ほど延びており軒がとても深い。この下屋を支えるために腕木が設置されている。腕木の背丈は12㎝5㎜、幅は10㎝、長さは約90㎝で、間口四間半に7本設置されている。このうち玄関をはさんでその両側と、その西側には上下2本の腕木が入っている。しかも上の腕木は背が15㎝あまり、幅が12㎝ほどありひと回り大きい（39ページ上段の写真参照）。

一方下の腕木の1本は主屋の中まで延びており、土間部分の天井（二階の床）を支える梁の役割を兼ねている。この腕木を含めて合計7本の腕木で背丈25㎝、幅10㎝の出桁を支えている。この出桁は軒の垂木を支え、垂木は深い軒を支えていた。

二階の腕木は両端を含めて半間ごとに11本設置されており、やはり二階の軒を支えている。一種の出桁作り、別名船枻《セガイ》造り（後述）といっていい、張り出した重い屋根を支える造りである。

解体作業はこの下屋を取りはずすことから始まった。まず重機は土が載ったままの下屋の分厚い野地板とその上の杉皮、そして瓦を固定する土までいっぺんにはがしていく。その後作業が進み重機の操縦者が合図をすると、補助役が一間ほどの長さで下屋の軒桁をチェンソーで切断する。次に切断された軒桁が重機によってはずされ、二重になった腕木を端の方から抜いていく。１つのスパンが終わると次の

深い軒を支える腕木

出桁を支える腕木が室内まで伸びる

スパンに移り同じ作業を繰り返していく。この作業を標高の高い西側（日吉大社側）から標高の低い東側（びわ湖側）に向かって繰り返しおこない、下屋の取り壊しを続けていく。

次に解体の対象になったのが二階の虫籠窓であった。虫籠窓は塗籠《ヌリゴメ》の太い竪格子を並べた窓で、一般には中二階の町屋に設置される例が多い。岡本家の中二階の正面は、両側の約半間の壁部分を除いて全面に虫籠窓が連なり、この家の象徴的存在になっている。半間ごとに二階の軒を支える柱が立ち、その間に5本の塗籠の竪格子が並ぶ形式である。このセットが8列並び、その長さは四間（約7ｍ60㎝）にも及んでいる。

虫籠窓の塗籠の竪格子は芯になる幅5㎝×厚さ3㎝あまり、長さ110㎝あまりの角材に藁縄をきっちりと巻き、その上に厚く土壁を付け、さらにその上に漆喰を塗り幅10㎝×厚さ7㎝5㎜ほどの格子に仕上げたものである。岡本家の場合は黒色の竪格子をはめている。両端の柱には弁柄《ベンガラ》が塗られているので、弁柄色と黒色との絶妙な配色であった。なお、長さ110㎝の角材は両端の10㎝が窓縁に固定されるため、見えている分は約90㎝になる。

この虫籠窓の解体は東側の窓から始まり、以下のように進んだ。先に一間ほどの長さに伐ってはずした下屋の軒桁（約20×40㎝角）を重機が拾い上げてしっかりとつかみ、その先端を窓の竪格子にぶつける。すると比較的簡単に漆喰と土壁が離れて縄を巻いた角材が見えてくる。この角材も細いものなので比較的簡単にはずされた。竪格子が壊れると弁柄を塗った柱の列が残される。1日目は東側の二間分の虫籠窓の解体で終了した。

下屋から解体が始まる

虫籠窓の心棒

旧岡本家の虫籠窓(内側)

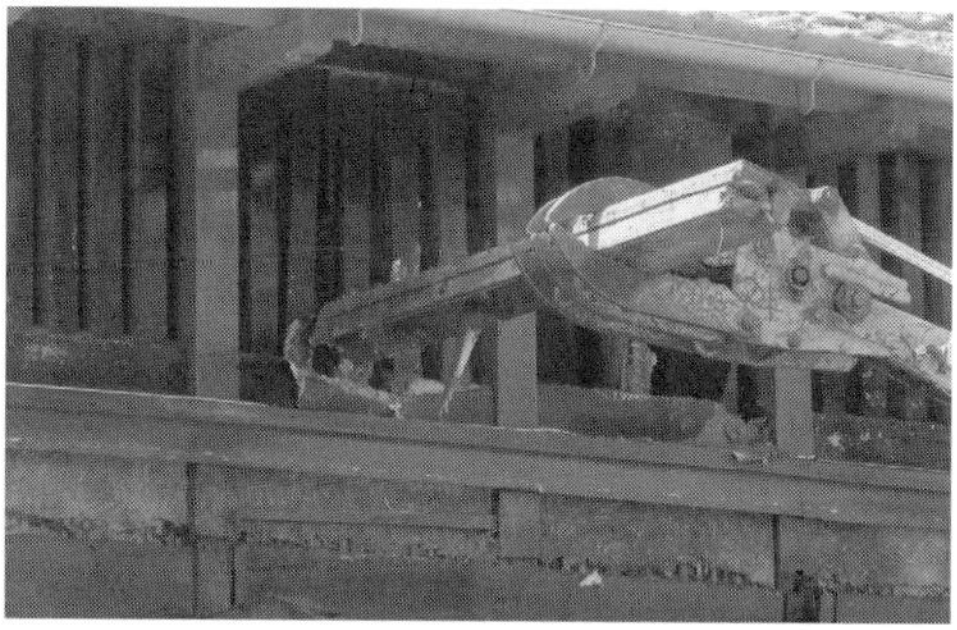
西側の虫籠窓の解体

旧岡本家の虫籠窓(外側)

(4) 土間部分と旧通りニワの解体

翌日おこなわれたのは玄関として使われた東側の土間部分と、その上(二階)の八畳の和室の解体であった。土間の天井は梁を化粧として見せる造りである。柱と柱の間に背丈30cmほど、幅18cmほどの梁材(二階の根太にあたる)を渡し、その上に分厚い板を敷いて二階の床として使用する構造である。出桁の一部が構造材の役目をしていたことは先に述べた。

土間は間口約二間、奥行き約二間の広さである。二階の虫籠窓の解体はすでに前日に終えている。解体の順序は二階の屋根(瓦を支えていた土、杉皮、野地板、垂木、天井板等)をはがした後、屋根を支える大きな梁が通っているので、この梁をあらかじめ二間ほどの長さに切断しておく。次に背丈20cm、幅12cmほどの二階の軒桁も二間ほどの長さに切断する。作業の手順としては、上の方から手際よく進めている状況である。

二階の軒桁は道路に面した平《ひら》方向の端から端まで続く一本ものである。軒桁にも弁柄が施されており、同じく弁柄が施された柱に支えられている。軒桁と柱は虫籠窓の竪格子の枠としての役割も果たしている。この柱は主屋二階の軒桁を支えているのだが、柱の上部と下部に刻まれた枘《ホゾ》が、二階の桁と一階の桁に開けられた枘穴と組み合わされて固定されている。大入れ枘差《ホゾザシ》という仕口である。(図36参照)

屋根材を取り除き、梁を切断しておくと軒桁にかかる荷重が軽減される。そして二間ほどの長さに切断された軒桁を重機で持ち上げると、軒桁と柱を接続していた枘が抜ける。柱は上部の支えを失って不安定な状態になり、横からの衝撃を与えると比較的簡単にはずすことができる。なかなかはずれないも

長い桁を切断する

太い構造材は地上に下ろして切断する

深い軒は腕木と太い軒桁で支えられている

のは途中から切断してはずしていく。そして大きな開口部ができると、切断した大きな梁を下に降ろすことが可能になる。作業は慎重に慎重を重ね時間をかけて続けられた。

梁や軒桁など、大型の構造材の解体とともに苦労していたのが土壁の解体であった。土壁は粘りの強い粘土を使用している。この粘土は特別な粘土のようで、採掘する場所が限られていることはかねてから聞いていた。これをよくこねてスサ（稲藁を細かく刻んだもの）を混ぜ合わせたものが土壁の材料になる。

土壁は真竹を割ったものを柱と柱の間に渡し、やはり割り竹を縦方向に編みこんで下地とする。この家の外壁は大壁、内壁は真壁にしているが、壁はかなり厚く塗られている。土間部分の外柱は16㎝角ほどの柱が半間おきに立ち、柱を安定させるために横方向に貫が入っている。この柱と柱の間に直径5、6㎝の竹を半割したものと直径3㎝ほどの丸竹を使って、適度な間隔で柱と柱の間をつないでいる。そして縦方向は幅2㎝ほどの細かく割った竹を、やはり適度な間隔で編みこんでいる。さらに編んだ竹を藁縄で縛って固定する。これが外壁の下地であった。大壁は外壁の柱をすべて隠すことになるので、この家の場合の壁厚は15㎝ほどになる計算である。その上に漆喰が施されていないのであるが、土壁の構造については別の項で記すことにする。

屋根の部分も特別な工夫が見られた。切妻の先端部分の解体をしていると、直径が約6㎝ほどの丸竹に藁縄を巻いたものが6本ほど並べられていたことがわかった。これら丸竹の上に屋根土が載せられて

木舞を構成するワリダケ

土壁の解体

いた。切妻屋根のとくに先端は瓦が不安定な状態になりがちなこと、また処理がむずかしいと聞いているので、妻の部分の補強材として丸竹を入れているようであった。

旧岡本家は補強材を含めてきっちりとした仕事がなされているので、解体する段階になると大変苦労することになった。「建築する際には大前提として解体することは考えていないので、いざ解体しようとすると苦労することが多い」という。解体業者である三浦直次氏の話であった。

壁の解体に苦労したのは、柱と柱の間に細かに編んだ竹がしっかりと組み込まれているだけでなく、壁自体も弾力性に富んでいたからでもあった。重機ではがし取ろうとしてもなかなか離れようとはせず、いったん柱から離れてもまた元に戻ってしまうのだ。また柱からはがした壁土から竹が離れないた

切妻の妻を支えていた縄を巻いたタケ

切妻の妻を支えていたタケ

玄関から板の間、8畳間を望む

め、重機を上下に何度も振ることで、ようやく竹と壁土に分けることができるという状況であった。

解体を始めて3日目（3月31日）に正面の下屋庇、東側の土間部分と二階東側の八畳和室の解体が終了した。この段階で直径20～25cmの太い梁材が3本はずされていた。主要な構造体である梁は多数使用されており、長いもので5mあまり、短いもので3mほどの材を3本つなぎ合わせる形で組み立てられ、この家の屋台骨を支えていた。

(5) 西側の座敷の解体

東側の二間分（土間と二階の和室）の解体が終わると、西側の二間分（一階と二階の和室）の解体に移った。この段階では東側に確保した空地に大型の重機が入るようになり、また小型のダンプカー（3t車）も入ることができるようになった。これまでに解体を終えた梁材、桁材、柱材、板材などが家屋の内外に山積みになっていたので、これらをダンプに積み込み、産業廃棄物の処理場に運んでいく。

4日目（4月3日）はこの廃棄物処理の作業と西側の解体

準備が中心になった。廃材が処理されると、さらに自由に動ける作業空間が広くなっていく。

定石通り西側も二階の屋根の解体から始まり、残された虫籠窓、壁面と和室との壁をはがし取り、そして二階西側の和室（八畳）の解体をおこなった。これでこの建物の3分の1ほどが姿を消し、この段階で歩道から6ｍあまり、幅10ｍあまりの空地を確保できるようになった。

5日目（4月4日）の主要な作業は前日と同様西側の解体であった。一階の和室の奥（南側）には六畳の和室が続いているのだが、襖で間仕切られているので壁面の解体はしなくてもいい。その奥に続く十二畳の和室も同様であった。解体の中心は二階の和室と小屋裏との境の壁、そして西側の外壁であった。

二階の和室と小屋裏の壁が取り除かれると、小屋裏の中央部に掛けられた直径22㎝、長さ二間半（5ｍ50㎝）ほどの巨大な構造材が見えてきた。さらにこの構造材を支える背丈40㎝あまり、幅30㎝ほど、長さ三間半（約6ｍ60㎝）あまりの和室と小屋裏空間を分ける構造材も姿を現した。この材は西端の外柱から土間側の大黒柱まで伸びており、3本の柱と4本の束で支えられている。この家を支える中心的な役割を担っているようにみえた。

そのほか梁、束、棟木などが次々と眼前に現れ、日常生活の中で見ることのできない豪快な町屋の姿が見られるようになった。そしてこの日は長さ三間あまりの梁が降ろされた。地上で見る梁は、やはり圧倒されるような大きさであった。

翌日、梁をダンプに載せることが難しかったのでチェンソーで半分に玉切りしたのであるが、この作業に4、5分かかっている。重機やダンプを使用していなかった時代にどのようにして大型の材を建築現場まで運び、どのようにして小屋裏まで運びあげたのか、大きな課題として残った。

次に先にはずした梁を支えていた長さ三間半あまりの巨大な構造材がはずされた。その後も一階の床を支える背丈の高い根太、さらにその奥の小屋裏を支える大きな梁や中引が次々と現れ、作業が進むごとに豪快で美しい姿を見せてくれた。あたかも日めくりカレンダーのように、次から次へと新しい場面が展開していった。この日見せてくれた場面は正式な客を接待する客間として、また結婚式や葬式、各種の講行事などをおこない多くの来訪者を招く場として使用された奥座敷とその小屋裏であった。

道路に面した２階の和室。手前が西側

道路に面した１階西側の和室。脇床と神棚が続く

２階の和室と小屋裏を仕切る壁

奥座敷は十二畳の広さがあり、この家では南向きのもっとも条件のいいところに配置されている。この部屋の西側にはそれぞれ一間幅の書院を備えた床の間、同じ一間幅の違い棚と神棚が設置されていて、廊下を隔てて静かな日本庭園を臨むことができた。かつて大澤久子さんが祖父に連れられて遊んだことのある部屋であった。

小屋裏に使われていた豪快な構造材はマツ材を多用していたが、その多くは再利用されたものであった。必要のないところに枘穴があいていたり、用途のわからない継ぎ手のための穴があいており、鴨居

２階土壁の解体過程。大きな構造材が姿を現わす

旧岡本家の庭

や敷居を差込むための仕口跡もみられた。また梁や中引にくらべて、棟木や母屋を支える束は情けないほど細いもので、しかもこれらも再利用の材ばかりであった。いわゆる「古材」である。

木材は多少細くとも古材であっても、適材適所に使うことで長い間使用できることを教えられる。この家は明治30年代の建築であったが、それ以前から使われていた材が今日なお役目を果たしていたのである。

6日目（4月5日）は引き続き西側の座敷の解体がおこなわれた。西側奥の一階の座敷と小屋裏の解体は、定石通り二階の屋根を取り払うことから始まり、次に切妻屋根の頂点に架けられた棟木を撤去する。地面から棟木までの高さは7ｍ50㎝ほどあるのだが、重機が屋敷の奥まで入ったことで、アームが棟木に届くようになった。

重機の威力は偉大なもので、重機が入れる範囲であれば棟木はもちろん、その南に並ぶ母屋の列も束の列も、梁や桁などもなんなく降ろすことができた。しかし先に記したように壁の解体に手間がかかり、一階の屋根の一部と壁の一部、そして一階座敷の解体は翌日に持ち越された。

この日は東側の玄関の土間と通りニワ（現ダイニング）の境の壁も取

り払われた。現在ダイニングは改造されているが、天井は古くからの吹き抜けの空間を残しているので、壁を取り払うと元の姿がよみがえってくる。ダイニングのすぐ西側は一階も二階も廊下として使用しているが、この部分の壁も取り払われて、二階に上がる階段やさらにその奥まで見通すことができるようになった。また玄関と土間側（東側の二間あまり）の間に、数本の二階梁が入っていることがわかった。

７日目（４月６日）の作業も実に合理的に進められていった。作業の手順は前日の続きで、ダイニングと西側の廊下との間に顔を出していた太い小屋梁をはずして下に降ろし、次に床を支えていた柱を取り除き、柱の上に載っていた桁材を二間ほどの長さに切断し取り除いた後に、重機で上から押しつぶすよ

明治35年以前から使われていた木材を使用

同上。束は情けないほど細いものであった

奥座敷の解体直前

２階の天井をはずす

うにして床を解体した。床板を支えていた構造材をはずしておくと、比較的楽に床の解体ができたような印象であった。この時点で奥の一角を除いて二階の廊下がはずされた。

廊下を支えていた桁材は、西側の和室の桁材とひと続きであったので、西半分を失った桁は東半分が孤立した形になった。この桁材を重機で持ち上げると桁を支えていた柱の枘が抜け、柱が孤立していく。この柱を取り除くと廊下と和室の境に妻方向に設置されていた梁鴨居が宙ぶらりんの状態になり、この梁鴨居と東側の桁を取り除くことにより、柱材も桁材も取り除くことができるようになった。そして天井も解体しやすい状況が作り出され、一挙にはがされた。

3本の2階梁が姿を現す。2階に上る階段の跡がみえる

つまりここでおこなわれた作業は、上に載っている材を取り除くことで下の材を孤立させる、また上の材を支える下の材を取り除くことで上の材を孤立させる、という作業を繰り返していたことになる。建物を自然崩壊させることなく、安全かつ合理的に解体する手段の一つであったように思える。

また解体が始まってしばらくしてから気づいたことであるが、建物の両端の壁

２階の屋根がはずされる。東半分の解体

は必ず残されていた。西側の場合は部屋を解体しても前室の押入れの部分は残しておく。奥へ進んでいっても常にL字型に建物が残ることになり、倒壊の恐れが軽減される。東側においても外壁を袖壁のように残しておくようにして作業を進めていった。

　この日の作業は西側和室の一番奥と廊下を残して終えた。やはり倒壊を防ぐためにL字型に脇壁を残していた。解体作業はあまり進まなかったが、屋敷地の前面が大きく空いてきたのでトラックが中まで入れるようになった。解体だけでなく、廃材の撤去も作業全体の進捗状況を左右することになるので、撤去した梁桁などの大型の材をトラックに積み込む作業が並行しておこなわれた。

(6) 東側建物の解体

　9日目（4月8日）の作業は、8日目（後述）まで解体していた西側の一部の作業を残して、東側の解体に移った。東側は食事室、台所、浴室、洗濯室の部分が残っている。食事室の天井は吹き抜けなので、太さ30㎝あまりの背の高い桁、太い下梁と上梁、上梁を支えるために下梁から立ち上げた背の高い束がみえる。そのほか主屋を支える外壁の通し柱などの構造材が手にとるように見え、解体が進むにつれてまた新しい姿を現してくれた感があった。

太い下梁と上梁を支える柱を、下梁の上から切断することから解体は始まった。大型の材の切断にはチェンソーを、細い材の切断には鋸を使用する。柱の切断はチェンソーを使っていた。切断が終わると上梁を重機で持ち上げる。枘が抜けて束柱が宙づりの形になった。これを取り除き、上梁の南端をやはり自重で落ちない程度に一部を残して伐った後、重機で降ろしていく。次に下梁の南端もチェンソーで

2階東側の束柱を取り除く

上部の梁材を除く

下部の梁材を取り除く

半ば切断し、柱とともに下に降ろしていく。これで一階の食事室の上部には構造材が取り払われた。

次いでL字型に残しておいた東側の外壁を取り払う。虫籠窓を解体したときのように、重機のアームで大きめの材をしっかりつかみ、その先端を壁にぶつけることで、壁土が勢いよく落ちていく。壁をはがし取った後アームを大きく振ると壁土がふるい落とされ、竹で編んだ下地だけ残る。それをそのままトラックに載せる。重機の段階でのふるい分けができていることが、作業の進展に大きく関わっていた。この時点になると壁の解体もスムースにおこなえるようになった。

食事室の奥は小屋裏であるが、20年ほど前に日用品や衣類を収納するために床を張っている。まず大きな梁材をアームでくわえた重機が食事室との境の壁を壊し、さらに柱材に持ち替えてその奥にある梁と束を倒し取り除いていく。壁材を壊すときは木口の面積が広い梁材を使い、そのほかの構造材を倒すときは木口の面積が小さい柱材を使っていた。また梁、桁、柱などを解体する際にはあらかじめチェンソーで、自重で落ちない程度に伐っておくことはすでに記した。その後は重機の力で取り除いていく。この方法も安全かつ迅速に作業を進めるため、そして自然倒壊を防ぐための知恵であろう。

(7) 残材と残土の処理

解体9日目(4月10日)を迎えて、東側は台所、浴室、洗濯室、廊下側は来客用洗面室、シャワー室、トイレ、そして西側は廊下部分を残すのみとなった。すでに二階部分はほとんどが取り払われており、例によって解体部分をL字型に残しているので、崩壊の危険性はほぼなくなっていた。したがってこの日は屋敷地に散乱していた木材、竹材、金物、プラスチック材などを分類してトラックに載せる作業が中心になった。

屋敷地が広々としてきたので、重機、トラックともに2台が入り、作業員も5人に増やし、一気に作業を進めていく態勢づくりをしたのである。

作業員のうち2人がそれぞれ重機を操縦し、もう2人はそれぞれトラックの荷台に乗り込み、役割を終えた木材を隙間なく積んでいく。最後の1人は作業の全体を見渡しながら進み具合をチェックし、補助が必要とみると助っ人として作業に加わっている。5人全員が材の片付けに集中しており、職人集団らしい無駄のない動きは見事であった。

2台のトラックのうち、1台は4t車で柱、梁、桁、小屋梁、大引など大型の木材を積んでおり、もう1台は3t車で垂木、根太、板材、竹材など主として小物を積んでいた。大物と小物を分けることで材同士の隙間をなくし、より多くの材を一度に運ぶことができるからであった。ここでも効率性、合理性が重視されている。壁を支えていた竹材と藁縄は解体の段階で選り分けられていたが、再度こびりついている壁土を落としてから小物用のトラックへ運ばれた。

重機も大型と中型の2種類あり、前者は大型の材を、後者は小物を専門に集めてトラックに載せていく。アームで木材の束をくわえると、上下左右に振って木質以外のものを振り落とし、荷台の空いているスペースをめがけて降ろしていく。荷台に乗った作業員は材の向きを多少直すだけで、きれいに積み込みができている。

屋敷地のできるだけ広い範囲を片付けていくために、2台のトラックは歩道と隣接して停められている。したがって、道行く人が通るたびに安全を確保するために作業は中断された。通行人の安全と作業従事者の安全を重視する姿勢は、作業初日からずっと守られてきたのである。この日は台所と浴室の一部の解体もおこなったのだが、屋敷地は徐々に片付きはじめており、いよいよ解体作業も終盤を迎えたという状況になった。

解体10日目（4月11日）も重機2台、トラック2台、作業員5人体制であった。この日の解体作業は浴室、洗面所、シャワールーム、トイレなど、水回りが中心になった。浴室やシャワールームは天井、壁、床、そして浴室の場合は浴槽が一体となっているので、どのようにして解体するのか、解体後に廃材をどのように処理するのか興味があったのであるが、意外なことに作業は短時間で終了した。

重機の力は偉大なもので、これらの設備をとりまく屋根や壁を取り除くと、一体となっている壁、天井、床を一気にはがしてアームの先でしっかりとつかみ、あらかじめ決めておいた場所に移した。これを解体してステンレス、陶器、鉄材、プラスチック材などに分別し、トラックに積み込み廃材を扱う業者の元へ運んでいく。なお、分別せずに業者に引き渡し、業者側で分別することもあるという。

この日のもう一つの主要な作業は、前日に引き続き屋敷地に散在している役割を終えた木材、金物、緩衝材、アルミ材、ビニール製品などを分別してトラックに積み、処理場に運ぶことである。さまざまなものがふるい落とした壁土と混ざっていたが、中でも大型の木材とその破片や棒材、板材などが多くを占めていた。壁土の量は非常に多く、敷地内に大きな山を作っていた。

重機での作業はやはり二手に分かれた。大型のアームの長い重機を操縦する人は、前日同様に柱梁材など大型の材をつかんではトラックまで運び、トラック上の人は材の位置を直しつつ、極力隙間ができないように積み直していく。

２台の重機と２台のトラックが入る

トラックの荷台にきれいに積み上げた廃材

一方で小型の重機は、周辺に散在している木片や板片を壁土の山に集めていく。それら小型の廃材をアームの先でつかんでガタガタと振るうと、材に付着していた壁土が下に落ちていく。ガタガタを何度か繰り返して壁土を振り落とした木片を金属製の大きな箱に溜め、その箱がいっぱいになると箱ごとつかんでトラックの荷台の空いているところにあける。

荷台の上の人はその中に含まれている木材以外のものをより分けて別の所に集め、木材だけをきれいに並べていく。重機はまた元の壁土の山に戻り、周囲の木片を集めてはガタガタと振るう。これを何度も続けていくことで、大きな廃材の山は次第に壁土だけになっていった。壁土は転用できる土ではないので、トラックに積んで指定された場所に持っていき廃棄するという。

毎年4月12日から15日までは坂本で最大の祭りである日吉山王祭がおこなわれる。ここ数年間はコロナ禍のために中止、もしくは縮小する形でおこなわれたが、今年は4年ぶりに祭りの全行程をおこなうことになった。そのため道路の通行止めがあり、また祭りの最中に作業はしにくいこともあってこの間は休みになった。壁土の山は屋敷地に残された。

11日目(4月17日)と12日目(18日)は大量に残された壁土の処理に終始した。正確にはワラスゴを含んだ粘土は「残土」とはいわないという。残土とは再利用可能な土という意味で使われているからであった。ワラスゴと粘土は分離できる状態ではないので、壁土は残土ではなく廃土という分類になるという。賢い知恵がたくさん詰まっている壁土であったが、時代の流れとともに廃棄される存在になっていたのである。

解体後に残った残土の山

きれいに整地された解体後の屋敷地

土台石の上に束を立てた床下の構造

土台石の上に載った柱（長野県栄村小赤沢）

（8）建物の全重量を受け止める土台

ここで8日目（4月8日）の作業にもどる。この日は西側一階の和室のもっとも奥の部分の解体が中心になった。その先は縁側であり、さらに先は庭に続いている。作業は7日目にL字型に残しておいた和室の外壁の撤去から始まったが、やはり粘り強い壁材の抵抗に遭って手間取っていた。壁材の撤去後に廃材をきれいに片付け、床板の撤去がおこなわれた。廃材がきれいに片付けられたことにより床下の構造がよく見えるようになった。畳はすでに除かれている。

今から120年あまり前に建てられた民家なので、もちろん基礎も土台も見あたらない。よく地搗《じつ》きされた地面に礎石を置き、その上に柱や束が立っている。柱の多くは四寸（12㎝）角のものを使用しているが、束は直径が10㎝にも満たないもので構造材を支える束と同様まことに心細い状況であった。それでも長い間地震や風雨に耐えてきた頼もしい束であった。

床下の構造を見ると、礎石の上に立てられた床束に、太さ四寸角ほどの大引を平方向に載せている。平方向の柱間は二間（3ｍ90㎝あまり）あり、その間に3本の床束が立っているように見えた。半間ごとに1本の床束ということになる。この床束の上に大引を載せ、そのまた上に根太を妻方向に載せる。大引と根太が直角に交わるよう組み立てていくのである。一方、礎石の上に立てられた柱には根太掛という材が渡され、その上に根太が掛けられる。根太は7㎝角ほどの材で、これを30～35㎝ほどの間隔で渡し、その上に床板が張られ、床板の上に畳が敷かれることになる。

床下の材を支える礎石は自然石であるので形が一定していない。また礎石に雨水が残ると上に載せた柱や床束が腐りやすくなるので、一般には大雨が降っても雨水が流れるよう丸みをおびた石を使用する。しかし、丸みをおびた礎石では柱や床束が安定しにくいため、石の表面の凹凸に合わせるように柱や床束の底面を加工しなければならなかった。

棟梁の内藤孝人氏によると柱の加工にはさらに深い配慮が必要であったという。礎石に柱を載せる段階と、建築物が建ちあがり屋根に瓦が載る段階では柱が受ける荷重が大きく異なる。そのため最終的に建物の重さが確定した際に、丸い礎石の上に載った柱の底面全体で建物の荷重を受ける状態になるようあらかじめ加工しておくことが求められた。それは長年の経験とその間に蓄積された知恵によってはじめて可能な作業であった。

4　古井戸と便壺に対する配慮

(1) 三体の神様

旧岡本家の解体作業を通して、特記しておきたい興味深い事柄があった。それは井戸の神と厠(便所)の神への対応であった。解体が進んでいくうちに、古くは土間に設置されていた井戸と水洗式トイレ以前の古い便壺が床下から姿を現したことがきっかけであった。また庭には弁天様が祀られており、この神も役割を終えたので勧請先の本宮に還っていただくことになった。

そこで解体作業が終了した時点で、3体の神をお送りするために日吉大社の神主にお願いしてお祓いをしていただいた。まず弁天様の前に神饌用の台を設置して神饌を備え、祝詞《のりと》奏上と玉串奉奠《ほうてん》をおこなう。次に古い井戸の前で同様の儀礼をおこない、井戸の神と厠の神の穴に向かって清祓えをした。その後切麻《きりぬさ》（白紙を細かく刻んだもの）を井戸、便所、庭、そして屋敷の中央と東西南北に撒いて屋敷を清め儀礼を終えた。紙吹雪が屋敷中に舞い上がって実に神々しい光景であった。

井戸と厠の神へのお祓いはこれで済んだのではなく、解体業者の三浦直次氏にお願いしてそれぞれの穴を埋めてもらうことにした。井戸の直径は1mあまり、深さは8m30㎝あった。井戸枠はコンクリートであったがその下は整然と石組がなされており、小型の自然石を横積みした見事な円形の井戸であった。

この井戸の中に土を入れて埋めていくのであるが、その前に井戸の底から地上1mほどにおよぶ長いパイプを入れた。パイプの直径は2㎝ほど、長さは9mあまりであった。三浦氏はコンクリート製の井戸枠を取り除き、トラックで運んできた土をホースの水で湿らせつつ注ぎ込んでいった。水分を含むことで土は重くなり締まっていく。土が口縁部まで到達しても注ぐのをやめず、山のように高く盛り上げて作業が終わった。

井戸の底から地上に至るまでの長いパイプを入れる理由は二つあり、一つは中に溜まるであろうガスや臭気を抜くためであった。もう一つは井戸の中の霊気が抜けるようにするためであり、後者の意味合いが強調されている。井戸も便所もすでに神はおられないはずであるが、この理由のつけ方はきわめて日本的であり興味深いものがある。

井戸を閉鎖する際におこなったお祓い

興味深いことはもう一つあり、それは井戸の中に入れる土の量の算定であった。三浦氏は井戸の直径と深さを測った後に、おおかた7㎥ほどの土が入ると見積もり、12tの土を用意した。意地の悪い方法であったが、友人にお願いして計算してもらうと井戸の体積は6・5155㎥、必要な土の量は11・375tになった。

三浦氏の算定はほぼ的中しており、余った土は便壺を埋めるのに使用した。先に屋根の面積と屋根瓦の数を算定した瓦職人の見積もりについて記したが、職人の頭の中には緻密な計算式が組み込まれていることをつよく感じている。ベタ基礎を構築するために使用するコンクリートの量も、同じように的確な計算が職人の頭の中でなされていた。

日吉大社よりいただいた清めの塩と砂。屋敷の四方に散布する

数日後現場に行ってみると、井戸の山は土の重さでだいぶへこんでいたので、二度目の土の注入をおこない井戸と便壺を埋める作業は終了した。後日、基礎のコンクリートが打ち込まれた後、霊気を抜くためのパイプはスラブの表面からわずかに顔を出す程度に短くなっていた。これで床下に井戸や便壺の跡があっても安心して暮らすことができるという。

なお基礎工事の段階になるのだが、「斎鎮」と書かれ麻紐で結ばれた小さな箱を間取りの中央部分に埋めた。箱の中には鏡、剣などが入っているという。屋敷を守るための儀礼であった。また

井戸を埋める際には細いパイプを入れ、霊気がこもらないようにする

便壺を埋める際にも同様のパイプを入れる

斎鎮とともに「清めの砂と塩」を日吉大社からいただいており、基礎工事が始まった翌日（7月15日）に、屋敷の中央部と屋敷の四方（東西南北）に施主が撒いた。土地の神に新しい家を守ってもらうために、そして工事関係者の安全を神に願う建築儀礼である。地鎮祭と同じ意味を持っていた。

（2）日常と結びついた神々

旧岡本家の座敷にはそれぞれ一間幅の付け書院を伴った床の間、違い棚のほかに、やはり約一間幅の立派な神棚が祀られている。高さも幅も1m50㎝ほどもある作り付けの大きな神棚で、地元の大工さんが製作したもののようである。この神棚には真ん中に伊勢神宮、左側に日吉大社、右側に氏神である日吉御田神社のお札を供えている。

このほかに台所には火伏の神として愛宕神社のお札が飾られている。坂本では愛宕講がおこなわれていて、毎年1月、5月、9月の24日の夕方から当番の家に集まり、京都の愛宕神社への代参もおこなわれている。今日では講事は年に一度にしている組が多い。また通りニワであった時代は竈の神、井戸の神、厠の神、蔵の神など、日常生活と密接に結びついた神がおられことを人びとは認識していた。

竈の神は火除けをはじめとして、家族の暮らし全般に恩恵をもたらしてくれる神であり、井戸の中には人びとの生命に欠かせない水を管理する水神がおられる。厠には特別の神はいないようであるが、人が無事一生を送ることを祈る人生儀礼、とくに出産儀礼と密接に結びついている。また架空の動物である河童との関係が深いといわれている。蔵の神は恵比寿、大黒とともに、とくに商人にとって大事な神であった。

これらの神に対する一連の儀礼からは、伊勢神宮を頂点としたいわゆる神社信仰のほかに、身の回りの至るところに存在する神々とともに暮らしているという人々の意識を感じ取ることができる。神棚に鎮座している神とともに、生活と密着した神々にも正月飾りをおこなう家は少なくない。

機械化、ＩＴ化が進んだ現代社会において、とくに商人や職人の間では神を敬う意識がより高く、切実であった。神に背いてはならないという想いと、商売繁盛と家内安全、そして工事の安全を願う気持ちがつよく結びついているからであろう。

以上で解体作業はすべて終了した。実に見事な職人の技であった。

火より祈願の愛宕大神の朱札

旧岡本家の神棚

第2章　町屋の外観を構成する要素

1　近江坂本の町並

町屋とは商行為や物作りをしてきた人びとの住まいであり、その多くは政治、経済の中心地、陸・海・河川等、物資流通の拠点として成立した地域、著名な寺社をひかえた門前などに建てられた。農耕や漁労、山仕事などを生業としてきた人びとの住まいとは異なることが大きな特徴であろう。その成立を文字資料によってたどっていくと平城京まで行きつくようである（太田1983）。

ここで取り上げたい町屋は、間口が狭く奥行きが深い屋敷地に建つもので隣同士の屋根が接近し、軒を並べている町屋の群である。町家自体を観察すると共にその集合体をみていくことで、町屋をめぐる地縁社会のあり様を探ることができるかも知れないという期待があった。

この章では、町家を視覚的に把握できる絵巻物を手掛かりにして話を進めていくことになるが、そのうち京町屋と旧岡本家が立地していた坂本の町屋を中心にみていく。各種絵巻物の中に町屋が多く登場するのは平安京以来の王都である京都を中心としており、時代の流れをつかみやすいこと、京都の町に隣接した湖西地方南部において、京町屋の影響を多分に受けていたとみられることがその理由である。坂本は比叡山を介して京都つながる多くの交通路を有していた。

坂本は門前町である上坂本と、びわ湖交通の拠点の一つであった下阪本とで成っている。上坂本は元亀2（1571）年の延暦寺焼き討ちにより大きな被害を受けたとされているので、上坂本はその復興後に成立したということになる。また下阪本は古くから馬借（運送業者）の多い町であった。比叡山焼き討ち後に建設された坂本城の城下町として再開発されたが、天正14（1586）年に城は大津に移転している。その後本来の農村に戻ったとされているが、街道沿いには運搬業者や商人の町としての面影を残している。

さて坂本でもっとも古くからの町並みを残している通りは作り道と横小路、八条通りとよばれる通りである。前二者は日吉大社の境内との境に立つ大鳥居をはさんで南北にはしっており、日吉大社と最も近い位置にある。八条通は日吉大社からびわ湖に向かって東西にはしる道で、岡本家が位置する井神通りの北側を通っている。

作り道は下阪本の船着場から比叡山に向って上り、途中から北に向かい延暦寺と日吉大社の参拝道としてにぎわった通りである。醤油や酒の醸造・販売をしていた家、蕎麦専門の食堂、畳職の家、和菓子店、染物店、かつて旅館であった家などが軒を並べており、現在でも参拝者や観光客の人気を集めている。

横小路はひときわ大きな屋敷をもつ家と、かつては職人であったらしい家が軒を連ねている。また延暦寺の僧の隠居所としての里坊や割烹料理屋などが立地する。そのうちの1軒は塗師を仕事にしていた。延暦寺や日吉大社のご用達であったといわれている。作り道にくらべると静かな通りである。

八条通は、びわ湖岸の比叡辻の港についた物資を延暦寺に運ぶ交通路として機能しており、港に近い所には運送業者が軒を連ねていたという。一方日吉大社に近い所には堂宇の管理や荘園から送られてくる年貢の管理など、延暦寺を支えてきた人びとの屋敷が並んでいる。その敷地は広い家で間口も奥行も約二〇間（40ｍほど）を占めており、屋敷を囲んで石垣、土塀、生垣が築造されている。屋敷内にはいくつもの蔵が建っており、延暦寺に納める年貢米を貯蔵する蔵であった。

なお坂本の町の形成についてはすでに記しているのでここでは省略する（須藤２０２１）。

作り道の家並み

横小路の家並み

八条通の家並み

作り道の大きな屋敷は間口約十三間（約26ｍ）、奥行きは一番長いところで約十八間（約36ｍ）あり、そのほかの家は間口約六間（約12ｍ）とほぼ一定している。また横小路の場合は里坊や寺院の屋敷を除いて間口六間、奥行き十二間ほどの屋敷が多い。大きな町家は間口が八間あまりであった。また旧岡本家が存在した井神通りは間口五・五間～六間、奥行きは十五間～二〇間が標準のようであった。いずれにしても間口よりも奥行きが長い屋敷が多いことが特徴である。

作り道の家並み

横小路の家並み

八条通の長く続く土塀

現在作り道には草屋根であった妻入りの家が一軒だけ存在している。この家のほかは瓦葺き平入りの町屋である。草屋根の家は作り道以外の通りでも存在している。また17世紀に描かれたという絵図には、びわ湖方面（東）に水田や畑、藪が広がっており、そうした地域では草屋根の民家が多かったとみられる（大津歴博２０１５）。

年代の確認ができていないが、比叡山全域を表した絵図の中に坂本の町が描かれている。作り道と横小路に描かれている民家はすべて草屋根であった。一方『東海道名所図会（巻之一）』（寛政９〈１７９７〉年）には、作り道に沿って民家が五軒（背後に二軒）描かれているが、そのうちの二軒が妻入りの草屋根

出入口の広い戸と格子

たたんだ状態のバッタン床几

広げた状態のバッタン床几

であった。

また『伊勢参宮名所図会（巻之二）』（寛政9年）には大津追分の図が載っている。大津追分は大津から京と伏見に分かれる交通の要所であるが、やはり瓦葺きの屋根の中に草屋根の姿があった。東海道と中山道の分岐点である草津宿においても同じような景観をみることができ、18世紀末の頃までの近江地方は繁華な町場であっても草屋根が残っていたことが見えてくる。

さて今日存在している町屋の多くは平入り、桟瓦葺きの背の低い二階建てで、土間の上にあたる屋根には煙出しがつく例もある。一階の外壁は真壁であるが厨子二階（背の低い二階）は土壁の上に真っ白な漆喰が塗られ、大壁造りのどっしりとした佇まいをみせている。この二階の背が高くなるほど建築年代が新しくなっていくという。背の低い町屋で二階の壁を塗籠にしている家の建築年代は近世までさかのぼることができるようである。その後に建てられた町屋の二階には虫籠格子を備えた家が多い。

出入口はどの家も幅が四尺（約1m20㎝）の幅の広い引戸であり、腰板の上は古くは和紙が用いられていたが、今日ではガラスを入れている家が多い。家の前面には格子が建てられていることも大きな特徴であり、中にはバッタン床几を備える家もある。バッタン床几は折りたたみ式縁台のようなもので商品を置く台の役目をする。腰を掛けて休み世間話をする場でもあり、必要でないときはたたんでおく。

坂本の町屋の多くは以上のような共通した要素を備えており、仮に作り道の一角に旧岡本家が存在したとしても、まったく違和感を覚えることはないであろう。深いところに存在する共通した思想のようなものを共有しているように思える。町屋そのものが山を一つ越えた京都の影響を強く受けているといわれており、このことについてはテーマが変わるごとに話題にしてみたい。

2　町屋の外観を構成する装置と部品

ここでは町家の外観を構成する装置と部品について理解を深めていくことにする。その作業の中で「深いところに存在する共通した思想のようなもの」を見つけることができたら幸いである。

町屋が備えている機能的、装飾的な装置は、深い軒とその軒に守られるようにして存在する格子、虫籠窓、袖卯建《ウダツ》、バッタン床几、犬矢来、幕掛、暖簾などであった。旧岡本家は格子と虫籠窓、袖卯建を備えていた。同じ坂本の作り道の民家は煙出し、大戸、バッタン床几などを備えており、いずれも町屋と

軒の深い町屋（横小路）

軒の深い町屋（京都西陣付近）

犬矢来（横小路）

幕掛(井神通り)

袖卯建(井神通り)

しての体裁を整えるためには必要な装置であった。町屋の多くは隣家が接近しているために、存在を主張するところは正面であった。そのため正面にはさまざまな工夫が見られたのである。

(1) 台格子とはめ込み格子

格子の発生を探っていくと「へだてるもの」「さえぎるもの」「しきり」として使われていたようである。格子は機能的な意味合いと装飾的な意味合いを持ち合わせており、とくに近世以降の和風建築に取り込まれることになっていくのであるが、町屋においては欠かすことのできない装置になっている。

格子に求められる役割について以下のようなことがいえるのではないか。家の中と外の境界を閉じることはしたくないが、中のすべてを見られては困る。つまり中から外がいくらか見え、また限られた範囲において外から中が覗けるようにする。多少なりとも外の風を通し、外光も取り入れたい。そして盗難予防にも役立てたい。

こうした格子の役割からは、人びとの繊細な感覚が伝わってくる。今日みられる多様な形式の格子が民家に取り入れられるのは、加工用具が整っていく中世末から近世にかけてであり、その後さらに改良が進められていくことになる。

鎌倉時代末期（14世紀前半）に製作された『一遍上人聖絵』に描かれた民家の外壁は、板壁、網代《アジロ》壁、土壁が多く見られるのに対して、寺院などには格子状に細工された蔀戸《シトミド》や細い横桟が組み込まれた舞《マイ》良戸《ラド》を見ることができる。格子状の建具は細工に相当な手間と経費がかかるとみえて一般の民家ではほとんど使われていない。

『一遍上人聖絵』には大津関寺前の町屋について描かれた場面がある。建具に関しては暖簾や簾のようなものが下がっているが、格子らしきものは見られない。家の内部は覗くことができないが風通しのいい夏向きの家という印象が深い。寺や神社の建物を除くと、京都の四条京極釈迦堂周辺の民家も共通点見出すことができる。

『一遍上人聖絵』とともに絵巻物としてよく知られているのが『洛中洛外図』である。『洛中洛外図』は町田本、上杉本、舟木本、旧池田本があり、町田本は大永から天文（1520年～30年）にかけて、上杉本は永禄初年頃（1560年頃）、舟木本と旧池田本は元和2、3年頃（1616年、1617年頃）の京都の町を描いたものである。

伊藤ていじ氏は京の町に近世の町屋が形成される時期は、応仁の乱（応仁元〈1467〉年～文明9〈1477〉年）の終息後100年ほど経過した頃からである、という見解を示している。その一つの指標が台格子からはめ込み格子への改良であった。

「台格子は本屋柱にしこんである腰台に格子を作りこんで、固定してしまったものである。この台格子は外せないから「ばったりしょうぎ」（揚げ店）など使えない」

図４　町屋の台格子（今出川通、室町通界隈『洛中洛外図〈上杉本〉』1574年をイラスト化）

「江戸時代に入ると台格子は時代おくれの標本であった。しかし室町時代では当世風町屋の象徴であった。なぜならそれより前の時代は町屋の見世のおもては蔀戸だったからである」（伊藤1963）

　この文章は町屋の店先の変遷について具体的に提示していて興味深い。1点目は、台格子は室町時代の町屋の象徴的存在であったことを述べている。この格子は比較的大きな開口部に固定された格子で、太い角材を使用し頑丈にできているので、盗難防止に役立っていたようである。

　1520年代の室町通り、四条通りの町屋には台格子を備えた町屋が並んでいる。間口は二間から三間のものが多い。腰壁の部分は土壁の場合が多い。その前に台を置いて商品を並べている店が目立つのであるが、そのような家は入り口に横棒を渡し暖簾をかけている。

図５　数珠屋と高倉（『洛中洛外図〈旧池田本〉部分』林原美術館蔵　画像提供：林原美術館／DNPartcom）

台を置かずに地べたに売物を置いている店もある。

台格子は角材が太く、しかも間隔が広いので、格子越しに商売をしている様子も見られる。

さらに１５７０年代の作とされる『洛中洛外図』（上杉本）には台格子の下にバッタン床几がはっきり描かれていることが確認できる。広げられた台をみると、手前には２本の脚が確認できるのに対して奥の方には脚を確認することができないからで、４本脚の台ではないことがみてとれるのである（図４）。

このような事を考察してみると、１５２０年代にはバッタン床几らしき台が現れ、１５７０年代になるとかなり広まっていき、店先で物を売る形として普及していっていった、というのがひとつの見方であり伊藤氏の見解とは異なる点であろう。この時代も台格子とバッタン床几は、町家の構えとして重要な存在であったことが『洛中洛外図』を検討することで明らかになってきたように思う。

『洛中洛外図（舟木本・旧池田本）』の時代（１６１５

図6　桶屋、建具屋（『洛中洛外図〈舟木本〉部分』出典：ColBase〈https://colbase.nich.go.jp〉）

年前後）になると厨子二階の町屋が出現するようになり、台格子を備えた町屋はだいぶ少なくなる。また台格子の前に台を置いて商売する家も少なくなる。店の入口には大きな暖簾がかけられ、店は開放的になっていて中で商売している様子や職人が仕事をしている様子も具体的に描かれている。

扇屋、漆器屋、軸屋などの店先にバッタン床几らしき台が現れる。また建具屋、桶屋、指物屋などの職人の仕事場にも店先にも幅の広い台が置かれていて、その上には道具類、製品などが載っている。たしかにこれらの店先には台格子は見られない。また台格子のある店先にはバッタン床几は見られない。なお、力をつけた町人の間では背の高い瓦葺き屋根の蔵が登場していることがうかがえる（図5）。

伊藤氏はまた、台格子が出現する前の時代の店のおもては蔀戸であったことも述べている。蔀戸は木格子の裏面、もしくは両面に板を打ち付けた間仕切りで、中央部で上下に分かれる。上の戸を吊り上げると窓を開けたような状態になる。

1299年に作られた『一遍聖絵』には多様な形の蔀戸が見られるが、1520年代の『洛中（町田本）』には蔀戸は見られない。よって台格子の一つ前の時代の店のおもては蔀戸であったことが推測できる。やがて室町時代に至り台格子が町屋の象徴的存在になっていく様子も絵巻から察することができる。台格子は江戸時代に入っても使われていたが、繊細な細工が施され、取り外しが可能なはめ込み格子が先進的な装置になっていた。なお建具の歴史を追っていく上で、蔀は重要な建具であるので別の項で再度取り上げる。

格子がはめ込み式に変わったことで清掃や修理が容易になり、より多様な形の格子が出現していった。中世から近世初期に至るまでの町屋のおもてが変化していく様子が理解できるのであるが、蔀戸、台格子、はめ込み格子は互いに重なり合いながら進化していったと考えていいであろう。

(2) 格子の進化

江戸時代に入ると格子はますます進化していった。町屋の多くは厨子二階を持つようになり、二階の背の低い窓に細い材を使用した格子が設置されている。初期の段階では竪連子《タテレンジ》や横連子とみられる建具、もしくははめ殺しの建具をみることができる。比較的太い桟を縦に並べて取り付けたものを竪連子、また横桟を取り付けたものを横連子といった。

また、江戸初期を境にして太い格子の木連格子に加えて、竪子（格子の竪桟）を細く加工した格子が登場する。後述するように、大鋸とよばれた縦挽きの鋸《ノコギリ》、台鉋《ダイガンナ》、鑿《ノミ》などの加工用具が進化・普及し、角材や板材を作ることが容易になった。そして竪子の幅よりも少しだけ広めに竪子を並べた格子が出現し、これを京格子とよぶようになった。たとえば一寸（約3㎝）幅の竪子であれば、竪子と竪子の間隔は一寸二分ほどになる。

一般の京格子は単に格子とよばれたのに対して、千本格子、親子格子、吹寄親子格子、丸太格子、切子格子などとよばれるものが出現した。千本格子は竪子の幅よりも狭い間隔で竪子を並べた京格子よりも細かな格子である。親子格子は長い竪子と短い竪子が交互に組み合わされた格子、吹寄親子格子は長い竪子の間に短い竪子が2本入る格子のことである。一般には親子格子は横桟が1本、吹寄格子は2本入っている。丸太格子は名前のとおり竪子に丸木を用いた格子である。また切子格子は窓の丈よりも少し短い格子で、竪子を下揃えすることで窓の上部を開ける形の格子である（武井1994）（『日本大百科全書8』）。

さらには生業によって格子を使い分けることもおこなわれるようになった。たとえば糸屋格子、問屋格子、酒屋格子、米屋格子、炭屋格子、麩屋格子などがある。糸屋格子は縦の桟を数本ごとに短くして光を取り込み、着物の柄や色がよく見えるようにした格子、問屋格子は太い角材を並べてがっちり組んだ格子、酒屋格子はやはり太い材で組んだ格子で、弁柄を塗ったもの、米屋格子もがっちりした造りであるが糠埃がつくので弁柄は塗らない。炭屋格子は墨の粉が飛ばないように格子の隙間が狭く作られているという。麩屋は麩、湯葉、豆腐など水をふんだんに使う商売なので、腰に板を張った格子が使用された。

室町時代の頃から使用されていた台格子は次第に姿を消し、取りはずしのできるはめ込み格子が使用

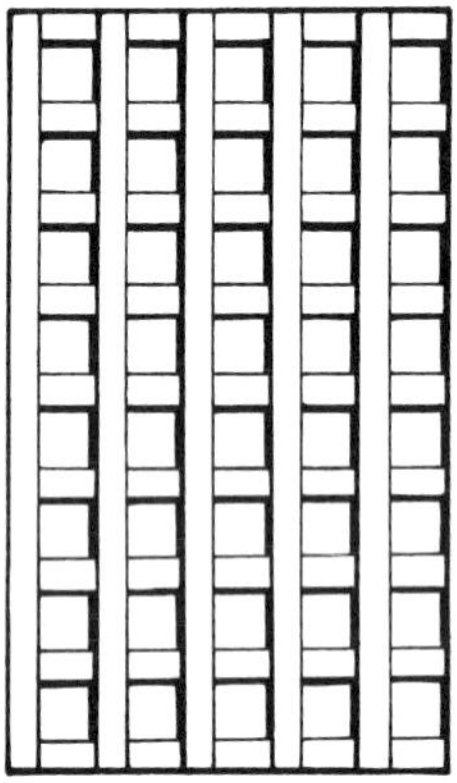
図7　木連格子

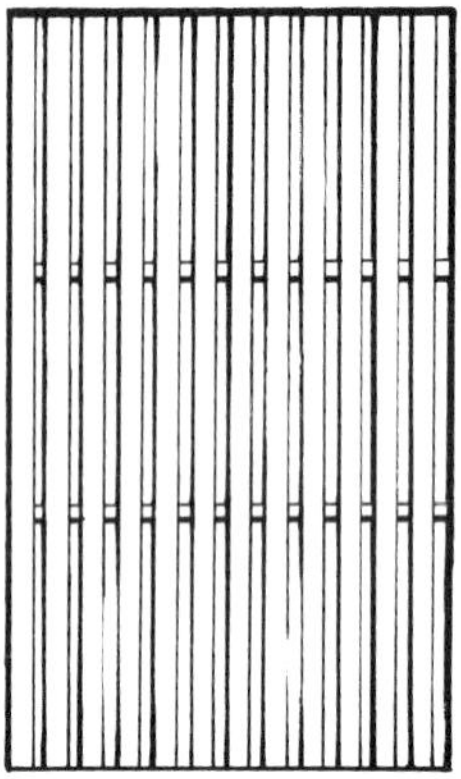
図8　千本格子

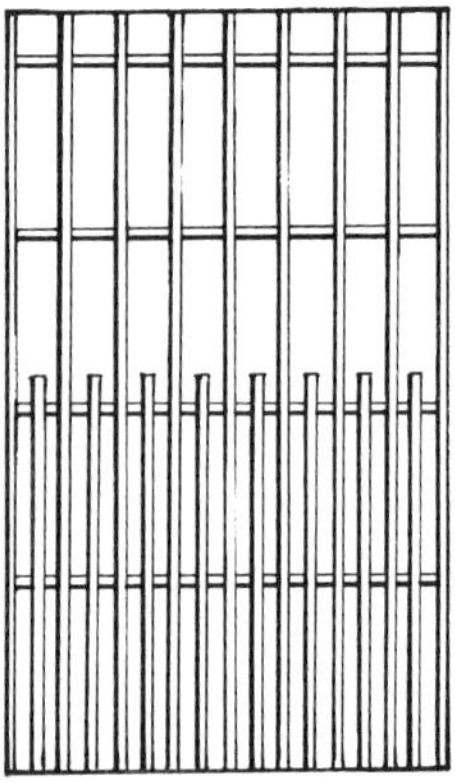
図9　親子格子

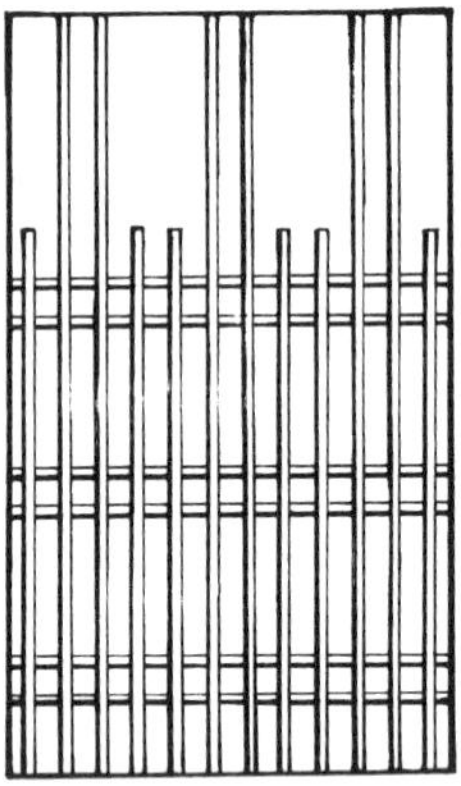
図10　吹寄親子格子

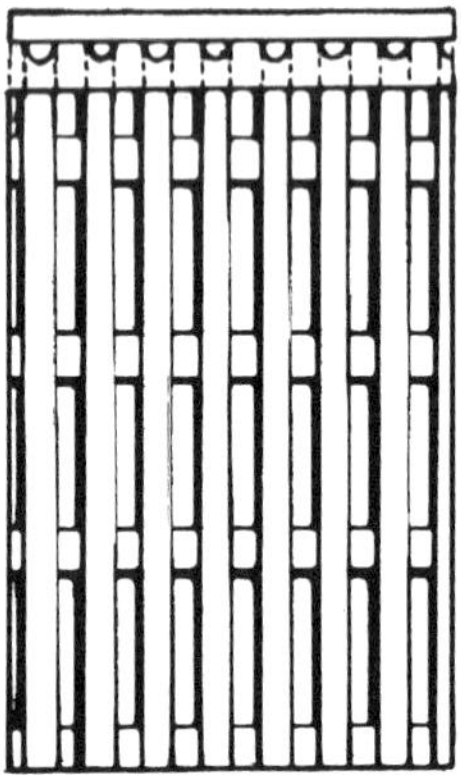
図11　丸太格子

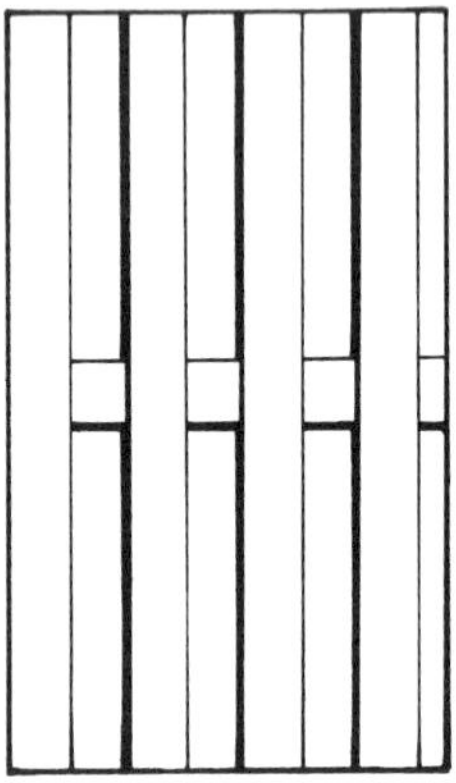
図12　問屋格子

作図／鈴木　雅

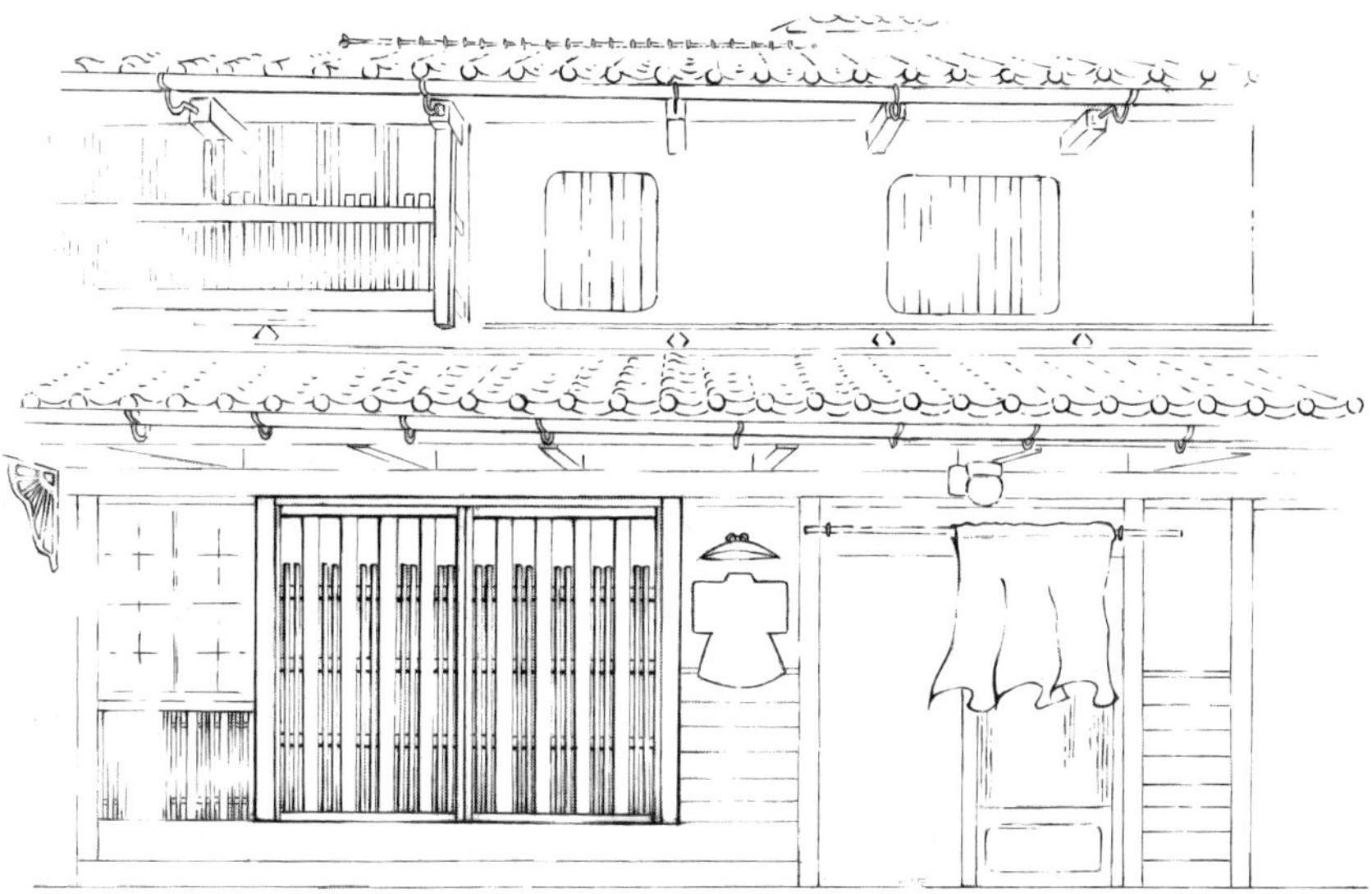

図13　糸屋格子のある町屋　　作図／鈴木　雅

されるようになったが、その変化は加工用具と技術が向上したこと、定期的に補修や交換ができるよう改良が進んでいったのである。岡本家の格子は4段の横桟が入った千本格子であり、はめ込み格子であった。この種の格子は坂本の町屋の標準的な形式になっている。

(3) 厨子二階と虫籠窓

厨子《つし》二《に》階《かい》とは、天井の低い二階建て形式の家である。虫籠窓は厨子二階に取り付けられた縦格子状の窓であり、町屋が平屋から二階建てに変わっていく過程で考案された窓であったとみられる。江戸時代初期の『洛中洛外図』（旧池田本）には描かれているが、このような形式の窓が考案された理由についてはわからないことが多い。しかし、いくつかの推測が可能であろう。

平屋建ての町屋から厨子二階が出現した理由については、次の二つが考えられる。①町人が力をつけてきたことにより二階に空間を確保し、狭い敷地をより有効に使うことを可能にした。②総二階を建てる技術は備えていたが、当時の政権から圧力をかけられ高い建物を建てることができなかった。

①については市商人や行商人が力を蓄えることで町場に定着し、町人としての地位が向上させていく時代があった。15世紀中頃からその兆しがみえ、16世紀後半には大きな流れになっていた。その後17世紀前半には背の低い二階建てが典型的な町屋の型として定着していく。なお、町家の成立と行商人、市商人そして町人に関する問題は大きなテーマであり、今後の課題として取り組んでみたい。

②については、『洛中洛外図（旧池田本）』が参考になる。西本願寺近くの町を描いたとみられる図には多くの町屋が厨子二階になっており、一部総二階風の町屋も確認できる。また三階建てとみられる背の高い土蔵も描かれていることから、総二階を建てる技術は備えていたことがうかがえる。しかし虫籠窓の町屋は意外と少なく、窓を開けずに漆喰や土壁で塗り込めたものや、親子格子など格子を備えた窓が多く描かれている（図5）。

『洛中洛外図』（旧池田本）を見ると、江戸時代に入ってしばらくの間は、比較的のびやかに町屋建設がおこなわれていた感がある。厨子二階にも高いものと低いものがあり、格子の種類も多様性に富んでいる。町家の背後にあるひときわ背の高い土蔵は軒裏まで漆喰で固められ、屋根は本瓦葺きである。この型の土蔵には虫籠窓風の窓が見られるので、火災に対する配慮がみてとれる。

ところが徳川幕府の統治が始まってから約40年後の寛永19（1642）年に、次のような禁令が出されている。「町屋の座敷の漆塗り、唐紙張、襖絵等を禁じ、二階を座敷にして周囲を見渡すことができるようにしてはならない」（丸山2022）。当時は町屋の二階を遊女屋としている例が多かったようで、これを規制するために二階の背を低くしてものを収納する場として使用することを許した、という解釈がされている。この時代を境にして背の高い土蔵が姿を消していく。建物に対する自由度が制限されていたことがうかがえる。

さて厨子二階は背が低いので大きな窓を開けることはできない、また必要なとき以外は二階で明かりをともしてはならない、という規制もあった。そこで考え出されたのが虫籠窓であったのではないか。いかに天井が低くとも人が使用し、ものを置く場であれば採光や通風が必要になる。

出現した当初の厨子はかなり背が低かったから、虫籠窓の形も小さな楕円形のものが多かった。それがあたかも虫籠のように見えたことが名前の由来のようである。その後厨子二階の背が高くなるにつれ、虫籠窓も大きくなり、明治時代に入ると総二階建ての町屋が建てられるようになり正方形や長方形の虫籠窓も現れる。

虫籠窓は小さく開けた窓に角材(立連子)を立て、連子には丁寧に荒縄を巻き、その上に壁土を塗り、仕上げとして漆喰を施している。この窓を持つ町屋の多くは厨子部分の外壁を土壁、漆喰仕上げにしており、妻側の母屋や垂木、そして軒下まで漆喰で仕上げた例が少なくない。防火を強く意識した造りであると考えていいであろう。

また絵巻を見ていると、わずかな例ながら人の姿を散見する。町屋の二階が遊女屋として使用されていたことは事実であろうが、大きな商家や農家であれば、使用人の部屋として使用した例も少なくなかったように思う。

厨子二階は軒に近くなるほど天井が低くなるのであるが、中央の棟の下は人が立っても頭がつかえないほどの高さがあるので生活のための部屋として、また大事なものの収納に使用してきたのである。岡本家は明治以降の建物なので、厨子二階の背は比較的高いのであるが、軒近くになると天井に頭をぶつけるほどの高さになる。不動産登記簿には平屋として記載されているので、厨子二階は平屋の扱いになっていたことがわかる。

旧岡本家の虫籠窓に関してはすでに記しているが、厨子二階の外観について補足すると、約五間の間口に半間おきに11本の柱が立ち、その柱と柱の間にほぼ等間隔で5本ずつ竪子を立てている。厨子二階正面の全面が虫籠窓という外観であった。さらに竪格子は黒漆喰で仕上げ、両端の柱と桁、そして長い庇を支える腕木は深い色の弁柄《ベンガラ》が塗られている。

厨子二階と虫籠窓は、町屋の一つの型を作りあげたのであるが、その中心になった地域は京都と奈良であったであろう。商工業がさかんであった地域であり、その後日本各地にこの形式が定着していく。隣接する滋賀県では、びわ湖船運の港町として、また東海道、中山道、北国街道が交わる街道の町として発達した浜大津、多くの近江商人を輩出した近江八幡市、東近江市五個荘町、蒲生郡日野町なども町屋が多く見られる地域である。いずれもさまざまな形の町屋と虫籠窓を見ることができ、参考になることが多い。

（4）町屋と船、町屋と漁家

町屋をみていく上で興味を惹かれる点は、町屋と船、および漁家との関係である。町屋で用いる用語が和船の用語としても使われている例がみられ、船との関係を暗示しているからである。家も船も、人びとの暮らしをきびしい自然現象から守るシェルターとしての機能があり、船においてはさらにきびしい海上での作業には欠かせないものであることを考えると、多くの共通点をもっていてもおかしくないであろう。

先にみてきた腰台は主屋の柱に設置され台格子を固定する装置であったが、大型和船の舷（ふなばた・ふなべり）に造作した竪桟のことも腰台といっている。江戸時代に江戸・大阪間を航行した菱垣廻船の舷の上部は菱形であることが知られている。その上に欄干状の柱を取り付けているが、その柱を支える台も腰台とよんでいたらしい。その形状は台格子を支える腰台と共通する部分が多い。

また和船の船体を構成する舷《フナバタ》の外に突き出した船梁の上に渡した板のことを船枻《セガイ》といい、また船を漕ぐために両舷に渡した板も船枻という。家屋においては深い軒を支えるために腕木や梁を出し、化粧のための軒天井を張る形式がある。これを船枻造り、または出桁造りという。出桁は二階の床や垂木を支える材である。センガイ造りは重厚で大きな屋根を表現する方式であり、また部屋や小屋裏を広く使用するために造られた。後者は養蚕が普及する明治以降に各地で取り入れられた。

このほか帆柱の一番上に設置され、帆を支えるための長い横桟を帆桁、左右の舷（船枻）を支える横材を船梁といい、舳船梁《オモテフナバリ》、艫船梁《トモフナバリ》を持つ船もある。家屋と同様重要な役割をもった構造部材を桁、梁とよんでいるのである。また大型の和船には神棚や仏壇を設置して航海の安全を祈り、船員の食事を賄う炊事場、飲料用水槽、睡眠をとる場なども設けられている。

家大工と船大工が使う工具も共通点が多いのであるが、それについては第4章で述べる。

漁船と家屋との関係については、とくに家《え》船《ぶね》や海女船など、船を住まいや宿として使用された例によ

船枻造り（群馬県六合村）

く表れている。

家船は漁業を生業とし1年のほとんどの期間を家族とともに海で暮らす人びとの船である。長崎県瀬戸地方の家船は、舳先に近い部分からおもての間、胴の間（火床の間）と続き、左右に分かれて右側が殿の間、左側が中の間、そして船尾に近い部分が艫の間という構成になっていた。おもての間は薪や苫を置いておく場所である。胴の間は家族の居住空間で、おもての間との境に竈、米櫃などを置き、右舷には神棚、位牌、衣類などを収める棚が、左舷には鍋釜、食器、水桶などが置かれていた。殿の間や中の間は作業のための空間であった（東2018）。

また同じ長崎県樫の浦の家船の大きさは、長さ五間（9ｍ余）、幅七尺八寸（約2ｍ40㎝）で、甲板の部分に切妻型の屋根をかぶせ、面舵《オモカジ》（船の右舵）の側には艫まで日除けをしつらえていたという（羽原1962）。

幅が狭く、縦方向に長いという制限された間取りは船の特徴であるが、ほぼ年間を通して船で暮らすにあたり、狭い空間を有効かつ合理的に活用している点が町屋の考え方と共通している。漁家は漁撈と交易で成り立っており、商品の生産と販売を生業とする町屋との共通点が多いこと注目したい点であ

図14　家船平面図と側面図　五島の家船

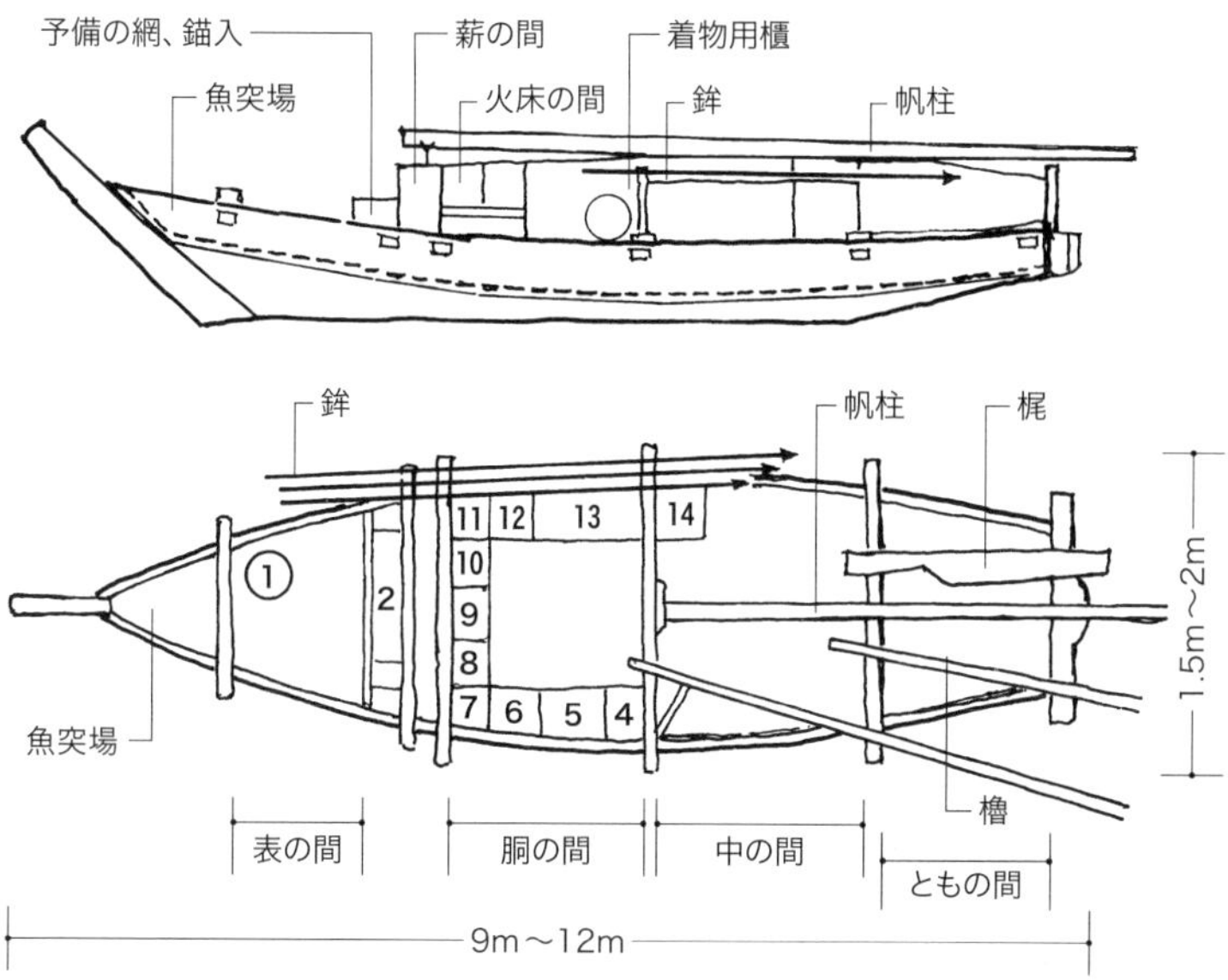

1	魚入れ
2	錨、網入れ
3	薪入れ
4	水入れ
5	食器入れ
6	鍋、釜入れ
7	飯類入れ
8	物置
9	カマド
10	米入れ
11	仏間
12	神棚
13	着物入れ
14	小ダンス
15	水入れ

る。広い土間をもつ日本の農家のあり様とはまったく異なった家屋の構造であり住まい方であった。

　海女船や家船の居住空間は床を備えていたことにも注目したい。樫の浦の家船は船底を倉庫として利用していたという。つまり甲板（床）の上が居住部分になっているということであり、この形式を陸上の住居にあてはめてみると、住居の床下を倉庫として利用していたことになる。したがって家船には床を持つ住居との共通点を見出すことができる。

　床を持つ住居は南方の習俗の影響が強いのに対して、土間を主体とした住居は北方の習俗の影響を受けたと理解をすれば、稲作を携えて西方からやってきて北上していった人びととは別に、魚介類を求めて船を繰って西方もしくは南方からやってきた人びとを想定してもいいのかもしれない。

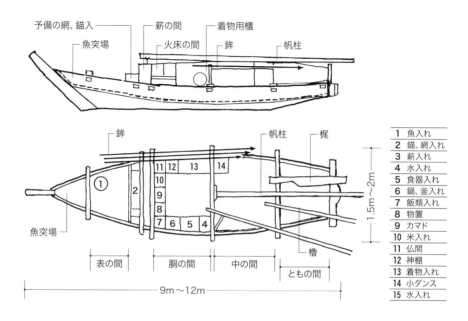

3　土壁、漆喰、弁柄

町屋の外観を構成する要素として、必ず記しておかなければならないのが土壁と漆喰が塗られた外壁であり、弁柄が塗られた建材である。京都や大津、坂本の町屋を見て歩いても、漆喰の外壁は町屋の存在を際立たせているし、一方和室に塗られたジュラク壁は、自然を上手に室内に取り込むことができているという印象がある。

⑴　土　壁

「壁土には裏山からとってきた粘土を使いました。低いところに水を張り、その中に粘土をいれ、さらにワラをまぜて田んぼのようにして、しばらくの間置いておきました。そして使うときになって、また新しいワラをまぜてこねかえした。このようにすると土にムラがなくなり、土とワラが一体となって丈夫な壁ができるのです」

右の文章は、今から1350年ほど前に奈良の法隆寺を再建する際に、壁土をいかに確保したかという話である（西岡ほか1980）。この話の内容を示した資料は明らかではないが、多くの資料を参考にして、数人の研究者が検証に検証を重ねて完成させた文書であるという。当時法隆寺の裏山では土壁に適した粘りのある土が採れたこと、そして土壁を作るまでの過程が述べられている。

法隆寺が建立されたのは西暦607年とされている。仏教伝来後は朝鮮半島から経論、仏像をはじめ

虫籠窓は町屋の外観を構成する重要な要素であった

様々な大きさの虫籠窓

として仏教関係の思想、仏具、建築などの技術が導入された。当時日本には寺院建築の技術はなかったので、半島からやってきた技術者によって建築されたと考えていいであろう。土壁に関しては古墳時代後期の穴太遺跡（大津市）で渡来系とされる大壁造りの建物跡が出土していることから、部分的には伝わっていたことが推測できる。

話は突然現代に戻るが、建物の外壁と内壁について、子供のころから父親の仕事を手伝いながら修行を重ね、左官の仕事を継承してきた坂本在住の大澤秀一氏（1946年生）の話を中心にして進めていくことにする。

「土壁に使う土は粘り気のある赤土がいいのです。このあたりでは比叡山の大宮谷というところにいい赤土が出る山があった。この辺の山は延暦寺の持ち物であったが、私が子供の頃に親父によく土を取りに行かされた。坂本より北に行くと仰木（大津市）の山の土がいい。今から55年ほど前に初めて土蔵を造る仕事をまかされたとき、大八車で数台の土を仰木から運んだ。田んぼを1枚つぶして、3年間ほど赤土を置いてさらしておき、土を十分腐らせてから仕事に取りかかったことがありました」

赤土をさらした次の段階では粗く小切った藁を混ぜ、水を加えて練りしばらくの間置いておく。小切った藁を苆《スサ》とよんでいるが、土とスサを馴染ませるために時間が必要であった。そして荒塗りする段になると、さらに新しいスサを加えてよくこねてから、団子状にして木舞の間に貼り付けていく。1350年ほどを経た今日において、土壁の土の処理について共通点が多いことに驚かされる。

再び1350年ほど前に戻る。

「すでに壁の下地として、太い材が横に渡してあるので、壁土をつけやすいように、そこに細い割材を縦横に渡してして、藤ヅルで編みつけていきます。また裏からも同じように壁土をつけていく。（中略）壁工（壁塗り職人）は以前から用意しておいた土をだんご状にして、手で木舞の間に強く押しこんでいきました。裏側からも同じようにやって、壁の本体を作りました」（西岡同掲書）

右の文章は法隆寺再建の際におこなわれた荒壁塗りの方法である。この方法も大澤氏の話と共通する部分が多く、現代の左官工事の内容として読んでもほとんど違和感がないことに驚かされる。当時土壁を使っていたのは法隆寺をはじめとした寺院が中心であり、寺院建築には欠かせない工法であったことがわかる。一遍聖絵には民家に土壁が使われているので、鎌倉時代後期には土壁が普及していたことがうかがえる。

さてこれからは大澤氏の話が中心になる。壁下地となる細い割材は法隆寺の時代から木舞といっており、木舞を縦横に渡して、藤ズルで編みつけるという。この方法は現代においても変わりがないが、細い割り材を編みつけるのは藁縄に変わっている。

またここでいう割り材はタケであろう。タケは伸縮せず、変形もしないので土壁を支えるには適切な材料であった。この割り材を作り編む仕事は左官ではなく、タケを専門に扱い生垣や袖垣を作る職人がおこなっていたという。それぞれの分野で独立した作業がおこなわれ、分業化がなされていたのである。

下地に使うタケはマダケがもっとも適している。マダケは肉質が薄く丈夫で、温度や湿度の変化による寸法の狂いがないため物差しとして使われてきた。また節と節の間が長く、凹凸が少ないので使いやすかったのである。

マダケは、その成長が止まる9月中旬から10月末までに伐ったものを使う。タケが青い状態のうちに下地に組んで壁塗りをすると、100年ほど経っても青いまま残っていることもあり、このようなタケは再利用ができるという。しかし暖かい地方のタケ、たとえば台湾のタケは年中成長するので下地として使えないのだという。

マダケは直径5、6㎝のものが多い。これを縦に8もしくは6等分に割り、幅2、3㎝ほどになったものを使う。このワリダケを縦と横に一尺ほどの間隔で渡し土壁の壁下地にするのであるが、タケの先はあらかじめ尖らせておき、上下および左右の架構材に差し込んでいく。この土台になるタケをエツリという。エツリを支えにして縦、横それぞれ10本ほどの割りタケを縄で編みこんで木舞を作るのであるが、支えのエツリ以外は縦横の架構材から多少隙間を空けておく。その隙間に壁土が入り込むことで柱と土壁の隙間が埋まっていくという仕組である（図15　壁下地エツリの図）。

横道にそれることになるが、先の木舞製作と施工の分業化に関しては、京都、大阪、滋賀などを中心とした話ではなかったかと思われる。他の地方では、一般農家の人びとが竹伐りや竹小舞つくりに携わっていたことが知られている。共同体の中で毎年繰り返される屋根葺きや建築の現場に出かけていき、職人の手伝いができる器用な人びとが少なくなかったのである。

さて、この木舞に荒壁を塗っていく。粒子の荒い壁土とざっくりと刻んだスサを混ぜ、両手で団子状にして木舞に貼りつけていくのであるが、荒壁を塗ってから乾くまで2週間をみておくといい。壁の両面を片面ずつ塗ることになるので、乾燥するまでに約1カ月の期間が必要になる。荒壁を乾燥させている間に大工仕事が入るので、お互いにいい案配の時間配分ができている。

土壁の基本である荒壁がしっかりできあがると中塗りに移る。中塗りはスサと土と砂をミキサーで混

木舞

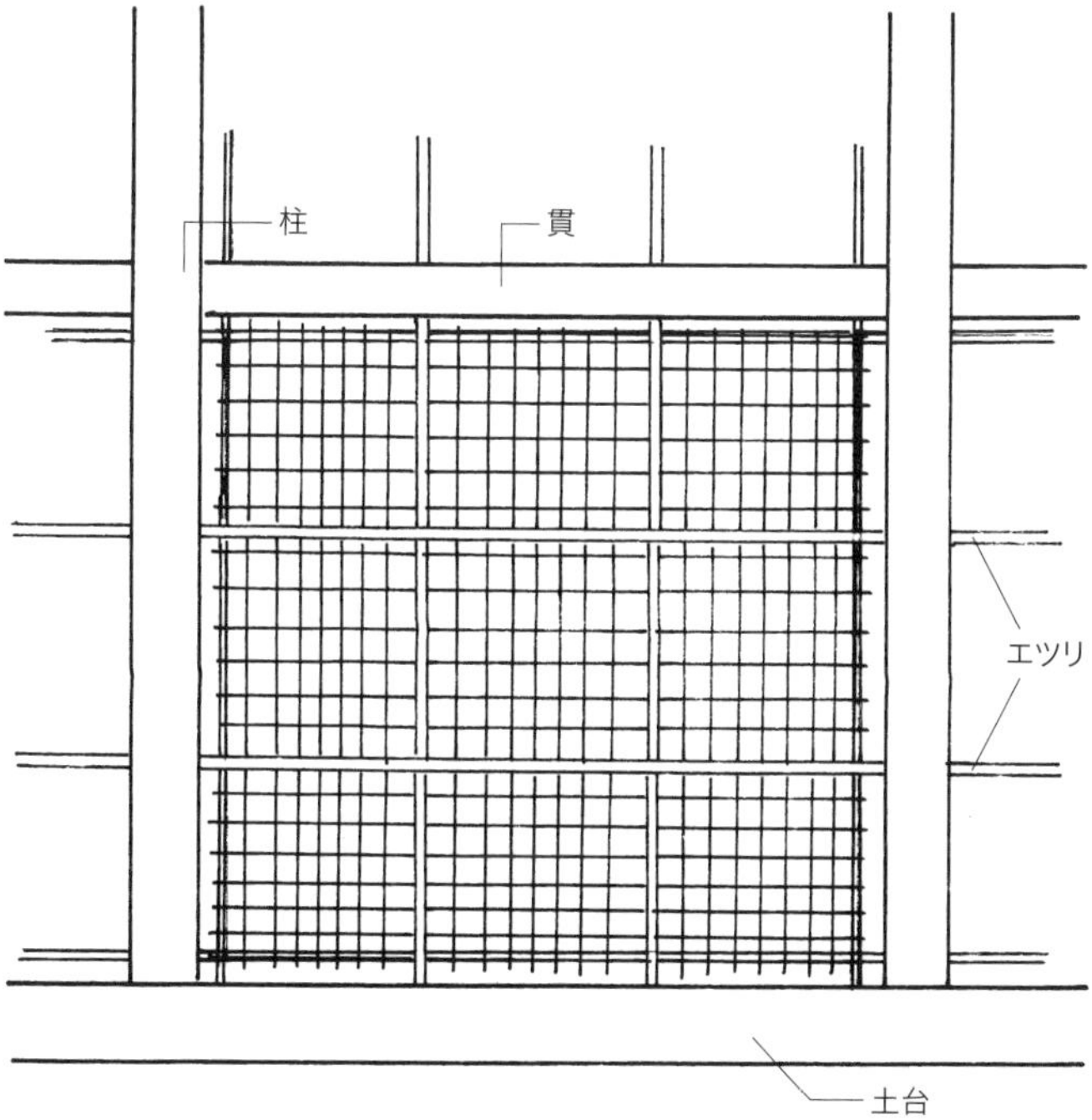

図15　壁下地（木舞）模式図　エツリの図

土壁の骨組みである木舞を組立てる

下から土団子を受け取って上段の職人に渡す

土団子を作って足場に上っている人に投げる

土団子を塗りこめる

写真解説

この４枚の写真は、福島県南会津町での土蔵の建設現場である。多くの人が作業をしているが、数人の職人のほかは手伝いにきた人びとである。このような作業を手伝うことで、地域の人びとが基礎的な技術を覚えた。

（写真／小林淳　昭和48年）

ぜたものを塗る。その配分は赤土の粘り方によって変わるので説明がむずかしい。ただ混ぜてすぐは粗い粒子が残っているので、ミキサーの中に1日寝かしておく。すると粒子が溶け込んでいくのでいい状態の壁土に仕上がっている。

中塗り用のスサは荒壁用のものよりもさらに細かくたたいたものを使用するのであるが、もっとも適したスサは使い古した藁縄がいいという。縄を編むときはていねいにハカマをとってミゴ（芯の堅い部分）を残し、藁打ちをしてから綯っていくので、これを細かに小切ってよくたたいていくと、とてもいいスサができる。

中塗りが乾いたら上塗りであるが、一般には室内はジュラク壁仕上げとし、外壁は漆喰仕上げにすることが多い。ジュラク壁はジュラク土と細かい砂を混ぜ、中塗りよりもさらに細かく小切ったスサを少しずつ入れ、フノリを混ぜてよくこねていく。茶室の場合はさらに粒子の細かい土を使用することが多かった。

土壁は水分を含んだ土を塗るのであるから、乾いてくると柱と壁との間に隙間が生じてくる。これを防ぐために、中塗りをおこなう前にヒゲコ、ノレンといった小道具を使用した。ヒゲコは苧《カラムシ》を細く裂いて作った長さ20㎝あまりの繊維の束を、長さ1㎝5㎜ほどの釘に結び付けたものである。これを、ヒゲコ同士が重なるくらいの間隔で柱の内側に打ち付けていく。その上から壁土を塗っていくとヒゲコが木舞の補助役をするので、壁が乾いても柱と壁の間の隙間ができにくいという。

ただヒゲコは何本も打つ必要があり、手間がかかる。よってノレンに代用されるようになった。ノレンは長さ30㎝、幅6㎜ほどの木製の薄い板に長さ30㎝、幅3㎝5㎜ほどのカンレイシャ、もしくは麻で

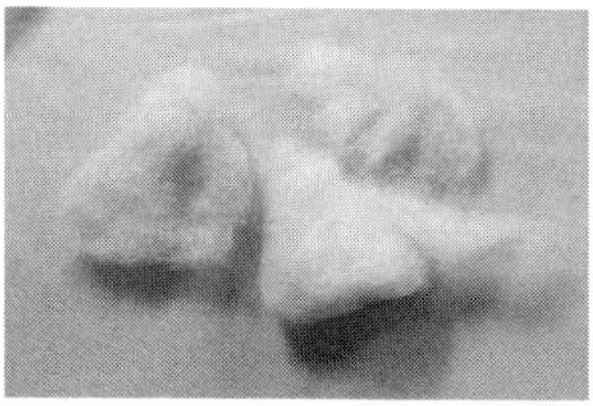
苧をほぐしたスサ

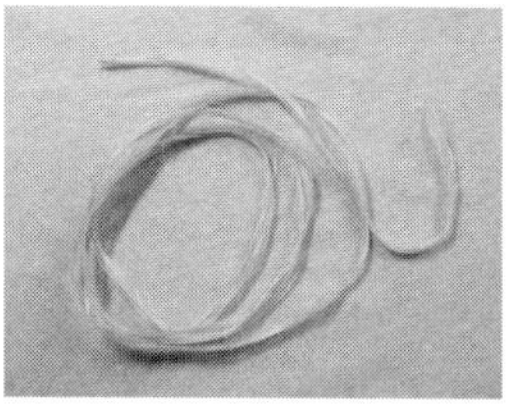
麻のひも

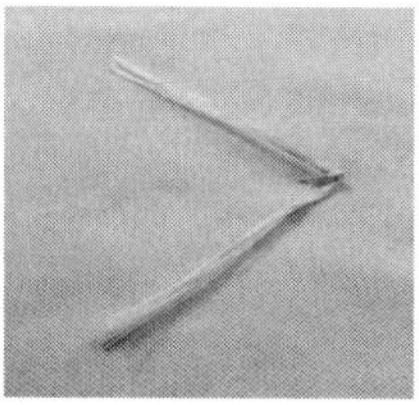
ヒゲコ

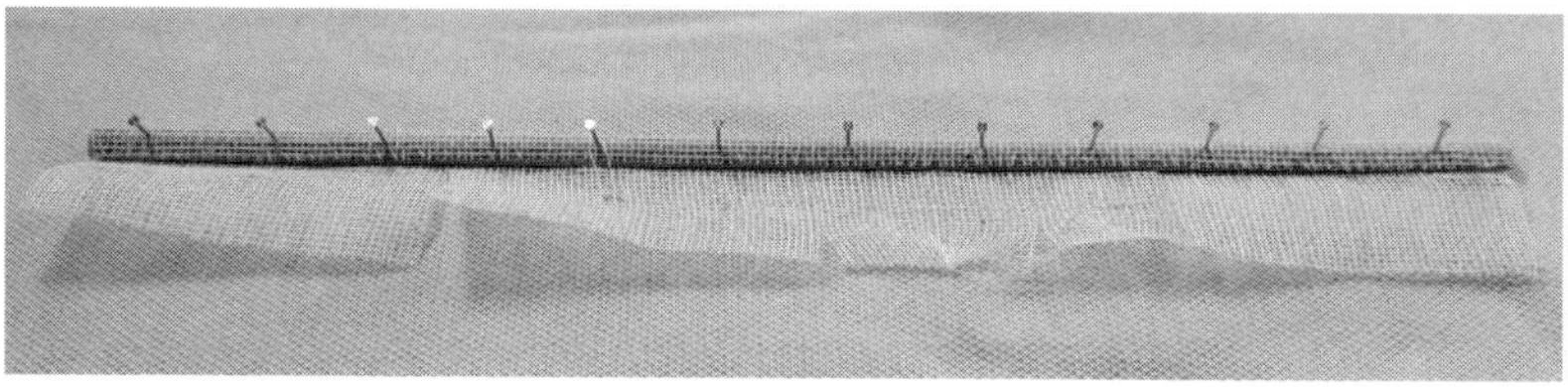
のれん

できた蚊帳を4枚ほどに切って貼りつけたものである。これを釘で柱の内側にとめておくと、ヒゲコと同様の効果が得られる。とくに蚊帳の古いものがとてもいい下地の材料になったという。

(2) 漆喰

漆喰は消石灰に布海苔《フノリ》、スサ、粘土、砂などを混ぜて使用する塗り壁用の素材である。町屋や民家、土蔵においては木舞下地の上に荒壁塗り、中塗りをおこない、漆喰は外壁の仕上げとして用いている。仕上げ用の漆喰は消石灰に海藻類を煮炊きして糊状にしたものを混ぜ、さらにスサを混ぜることでひび割れなどを防いだ。

スサは荒壁と中塗りでは藁を原料にするが、外壁に使用する漆喰では麻（苧）を用いた。先の大澤氏は「苧を細かく切って叩いていくと繊維がほぐれて綿のようになるので、それを消石灰に加えてよく混ぜて使用した」と述べている。また使い古した麻製の蚊帳を切ったものや、よくほぐした和紙をスサとして使うこともしている。

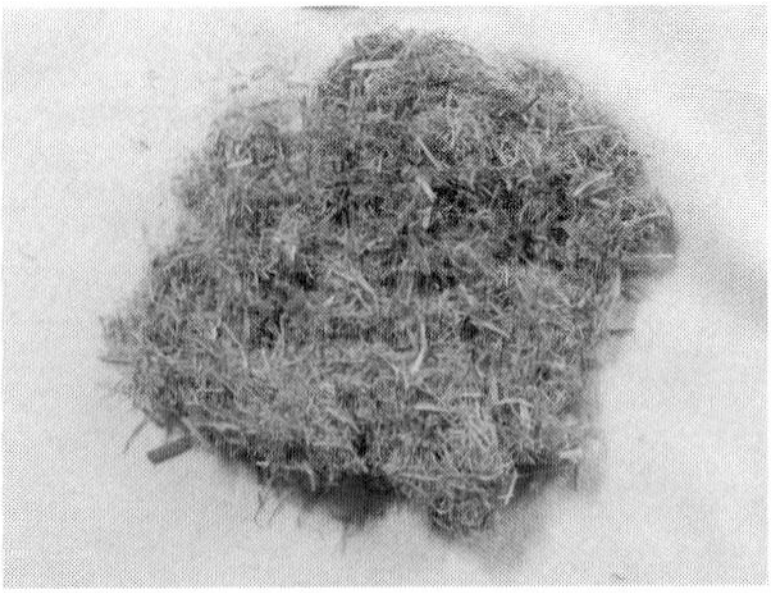
中塗り用に細かく砕いたスサ

荒壁用のスサ

古くなった蚊帳、スサとして使用する

細かくワラを叩いたスサ

スサを入れる量によって壁の割れ方が異なり、量が少ないほど割れる確率が高くなる。また大きく割れる場合は下地の段階で手を抜いていることが多いという。漆喰の割れを防ぐには、やはり使い古した蚊帳が有効のようである。大澤氏は「私が30歳の頃に文化財の仕事をしたとき、麻の蚊帳がいいといわれて家で使っていた蚊帳をつぶしたことがあった」という。

消石灰は漆喰の主原料であり二種類あった。一つは石灰岩に塩を加えて窯で焼き砕いたもので、もう一つは貝を焼いて粉末状にしたものである。後者は消石灰と区別するために貝灰ともよばれている。

漆喰が日本に渡来したのは飛鳥時代といわれている。顕著な事例は奈良県飛鳥地方にみられる横穴式古墳、もしくは横口式石槨墳(注4)で、石材と石材の充填材、接着材として漆喰が使用された。また壁画で大きな話題になった高松塚古墳には石室の全面に漆喰が施されており、古墳時代終末期になると大量の漆喰の使用が確認されているという（斎藤２００４）。漆喰は仏教伝来と関係が深いのではないかと考えている。６世紀半ば以降に仏教が定着したと想定すると、古墳時代後期から終末期にかけての時代と重なる部分が多くなるからである。

仏教伝来とともに経本、仏像、仏具などはもちろんのこと、仏像を安置する仏殿建築の技術も導入され、技術者も来日している。基台の上に建つ巨大な仏殿や高くそびえた仏塔が出現するなど、日本における建築が大きく展開する時期でもあった。仏堂の壁面には真っ白な漆喰が塗られ、人びとの目には輝いているように見えたであろう。漆喰は仏教関係の建物に使用された後、中世末期になって城郭建築にも使用されるようになり、近世以降は一般の土蔵や町屋、民家にも使用されるようになったと理解してよさそうである。

（注４）　横口式石棺墳、石棺式石室墳ともいう。通常横口部は板状の切石で閉塞する（吉川弘文館２００７）

(3) 弁　柄

先に岡本家の虫籠窓は黒漆喰が塗られ、弁柄塗りの柱と桁に囲まれ絶妙な配色であったことを記した。天然の弁柄は赤鉄鉱に含まれた酸化鉄を原料としており、土の中に含まれた鉄分が腐食した状態で産出される。赤色にわずかに茶色が加わった色で、無機顔料であることから変色することがないのが特性である。

しかも弁柄は着色力が強く、耐熱性、耐水性、耐光性にすぐれ、酸に対してもアルカリに対しても強いという特性をもっている。また安価な上に無毒で人体にも安全なため塗料としての用途は広い。色の調整も比較的容易で、ネリスミの量を調節することで黒みがかった色が好きな人、赤みがかった色が好きな人への対応が可能であった。

軒の裏を漆喰で塗り固める

なまこ壁の仕上げ

この塗料は非常に古くから使用されていて、北海道垣ノ島遺跡（函館市）で発掘された漆製品には弁柄が塗られていたことが報告されている。今から9000年ほど前になる。その次に弁柄を出土したのは島根県夫手遺跡の漆製容器で、6800年前という年代であった。以降鳥浜貝塚（福井県）、寿能泥炭層遺跡（埼玉県）、山内丸山遺跡、是川遺跡（いずれも青森県）など、弁柄を施した漆塗りの製品を出土する遺跡が増加していく（永島2006）。

赤系の色は弁柄のほかに同じく鉱

大澤家で保管されていたコテ類

仕事で持ち歩くコテ類

手の形にすり減ったコテの柄

物を原料とする朱、鉛丹、植物を原料とする茜、紅花、蘇芳などが知られている。朱は硫化水銀鉱物（辰砂ともいう）、鉛丹は鉛を主原料としており、鮮やかな彩色とともに防腐性に富んでいるという。鉱物性のものは主として土、木、鉄などの製品を保護するために使用された。また植物を原料としている染料も鮮やかな赤色から桜色や桃色などの淡い色まで種類が多く、繊細な織物や染色用に用いられることが多い。日本人はとくに赤色にこだわりを持っていたことを感ずる。

ここで主題としているのは弁柄であるが、この弁柄は室町時代以降に導入されたとされる大鋸と密接な関係があった。後に述べるように、そ

弁柄格子の町屋(大津市下坂本)

れまでは割る、削るという作業によって建材を加工していたのが、大鋸の導入後は挽く、整える、という作業を通して正確な寸法で建材を仕上げることができるようなった。

このことが同じ規格の建材の量産化につながっていくのであるが、もっとも大きな変化はスギ、ヒノキのように割りやすい樹木のほかに、マツやクリなどの樹木が建材として使用できるようになったことである。いずれも堅く水に強い性質を備えているので、主として屋根を支える小屋裏材、風雨にさらされやすい外柱や装飾材、そして土台回りなどに使用されてきた。これらの材木は大鋸による製材が可能になったことで、建築材として広く使用できるようになったのである。

ところがマツ材は虫がつきやすく、またヤニを出すのが大きな欠点であった。その欠点を補うために弁柄を塗ることがおこなわれた。先に述べたように弁柄は建築材の塗料としては最適であったことが幸いしたのである。町家を見て歩いていて、柱や軒桁などに弁柄が塗られていたらマツ材を使用しているとみて大方は差し支えないようである。

弁柄の原材料は日本のどこにでも存在し手に入りやすいといわれているが、その産地化、製品化はかなり遅れるようである。たとえば青森県赤根沢（東津軽郡今別町）では酸化第二鉄の塊が露出している地帯が古くから知られており、近世初期に徳川幕府に弁柄を献上している。この弁柄は精製したものであったのか、原石のままなのか不明であるが、日光東照宮の彩色に使用されたと想定されている（北野ほか２００９）。

弁柄の産地として知られているのが岡山県吹屋（高梁市成羽町）であるが、町の沿革をたどっていくと天和元（１６８１）年に銅山の開発が始まり、銅山の副産物として酸化第二鉄の層が発見された。そして宝永４（１７０７）年から弁柄の生産が始まり、その後日本全国に販路を持ったと伝えられている。江戸時代に入ってから１００年あまり過ぎた頃になる。

銅山と鉄鉱脈は関係が深いようで、福井県大飯郡おおい町の野尻鉱山は銅の採掘がおこなわれた鉱山であるが、銅鉱脈の上層に鉄の鉱脈が発見され、鉄鉱石を原料とする弁柄の生産が始まった。その年代は明らかではないが、試作製造の時代を経て大正中期には弁柄生産の事業化に成功したという（『福井県史』１９９６）。

京町屋に対して多くの人びとが描くイメージは、弁柄色に塗られた繊細な京格子、弁柄色の柱や軒桁、腕木、弁柄色を引き立てる真っ白に塗られた漆喰の壁、もしくは黒ずんだ漆喰の壁、それらが調和した姿であるように思う。

赤根沢と吹屋の例にみられるように、江戸時代前期に弁柄は産地化の方向に向かっていた。町屋がその形態を整えていく時期は、弁柄が産地化に向かう時期、そして戦いのない安定した生活が可能になった時代と重なっているように思える。

弁柄が美しい京町屋

4　切妻屋根と桟瓦

（1）旧岡本家で使用された瓦の種類と数

今日、桟瓦葺きの切妻屋根は町屋を象徴する景観になっているが、この景観が定着するのは江戸時代に入ってからであった。そのいきさつについては後に述べることにして、まずは旧岡本家の屋根と瓦について始める。

解体前の旧岡本家の主屋の屋根の面積は下屋を含めて約１５０㎡（約五〇坪）であり、解体の際に瓦をはずした職人さんの話では、この屋根には概算で４０００枚ほどの瓦が載っているとのことであった。かねてより職人の仕事の仕方やものの考え方に興味を抱いていたので、意地の悪い考え方であることは承知の上で、約４０００枚という数字はどのような根拠に基づいているのか確認したいと考えていた。少々煩雑になるが、筆者の計算の結果を示してみたい。

主屋に使われている瓦の種類は、鬼瓦、棟瓦、熨斗瓦、面戸瓦、平瓦、丸瓦、軒瓦、そして桟瓦の８種類であった。鬼瓦は棟の両端に飾る瓦で、旧岡本家の場合は主になる鬼瓦とその両側に脇瓦がつく形であった。鬼瓦には家紋が刻まれたものと「水」という文字が刻まれたものとがあり、前者は幅66㎝５㎜、高さ35㎝７㎜、厚さ11㎝で、脇につく瓦は幅56㎝５㎜、高さ18㎝４㎜、厚さ13㎝３㎜であった。この大きな鬼瓦は西側（日吉大社側）に据えられていた。

もう一方の、東側(びわ湖側)に据えられた鬼瓦は幅49㎝、高さ27㎝5㎜、厚さ8㎝で、西側のものよりも小型になるが、脇瓦は同じ大きさであった。「水」という文字は一般の鬼瓦にみられるように、豊かな水に対する願いと、火事から家を守るという意味が込められている。以下、鬼瓦の重量を測ることができなかったので、鬼瓦を除いた岡本家の屋根にどのくらいの量の瓦が載っていたか、概算を出してみた。

屋根の一番高い棟に並べていく瓦は棟瓦である。冠《カンムリ》ともいう。この家の棟の長さは鬼瓦を除くと約10m、使用している棟瓦の数は46枚ほどになる。棟瓦の1枚の長さが23㎝5㎜であったので、瓦同士が多少重なっていることを考慮すると、おおよそではあるが適切な数であろう。

棟瓦の下には熨斗瓦を積む。熨斗瓦は幅25㎝、厚みが2㎝ほどの平らな瓦で、雨が下に落ちるように斜めにずらして互い違いに重ねていく(図16)。一般には片側に4枚、両側に合計8枚重ねる例が多いが、旧岡本家の場合は片側に9枚、両側で18枚重ねている。これが約10m続くので、概算であるが720枚ほど使っていることになる。熨斗瓦と桟瓦の間に隙間を埋めるために葺く瓦を面戸瓦という。この瓦は棟瓦同様46枚ほど使用しているようにみえる。

熨斗瓦の下から屋根の平の面を葺く瓦が桟瓦である。桟瓦の列は横に39列、面戸瓦まで縦に34列とみて、北側の面と南側の面を合わせると合計2652枚になる。軒には軒瓦を葺くがこの数がやはり39枚になり、南北の軒瓦を加えると78枚という計算になる。平の面の両端には丸瓦が2列ずつ合計4列葺かれており、丸瓦の間には平瓦が葺かれ、本瓦葺きの形をとっている。軒を飾るとともに補強する役割を兼ねているのではないかと思う。この丸瓦は棟に向かって34列あるので合計272枚になる。さらに丸瓦の間に葺かれた平瓦は２７２枚という数字が出た。
先に、この屋根の瓦を降ろした職人の話の中で、半の部分を葺いている瓦が約３０００枚、そのほかの瓦を合計すると、４０００枚ほどの瓦を使っているのではないか、ということであった。試みとして現物の瓦と写真を参考にして算出してみたものであるが、合計すると３９５０枚という数字が出た。職人の驚くべき直感であった。ただしこの中には鬼瓦と下屋の瓦（３５２枚）は入っていない。下屋の瓦を含めると４３０２枚という数値になる。

瓦の産地は明らかではないが、かつて大津は松本村（現大津市松本）という瓦の産地をひかえていた。また多くの寺院が建立されている京都は瓦の一大生産地であったといわれている。しかしながら近代に入ると瓦も大量生産時代になり、手作りの瓦を生産していた職人は減り続け、現在は１人がその技術を継承しているという。近現代において、京都の数寄屋建築に用いる瓦の多くは三河（三州瓦）、和泉（泉州瓦）、そして淡路の瓦を使っているという。京都で育まれた町屋の多くの部分を吸収してきた近江地方において、瓦についても京都と同じ道を歩んできたのではないかと考えても大きな間違いではないように思う。

表２　岡本家で使用した瓦の種類と数（推計・下屋を含む）

瓦の種類	列	列	合計(枚)	備　考
棟　瓦			46	
熨斗瓦			720	
面戸瓦			46	
平　瓦	8	34	272	
丸　瓦	34	4	136	
桟　瓦	39×2	34×2	2652	39×34×2
軒　瓦	39		78	
下屋瓦			352	その他下屋丸瓦
合計(枚)			4302	

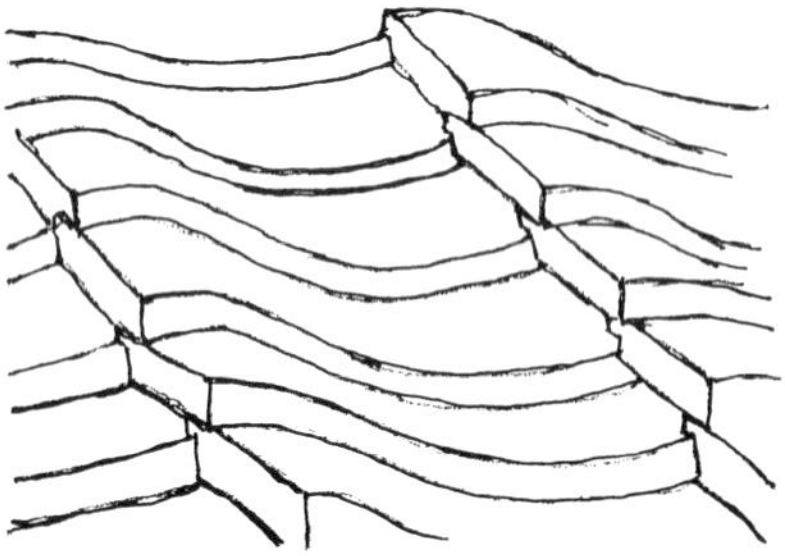

図16　桟瓦　葺きの仕組

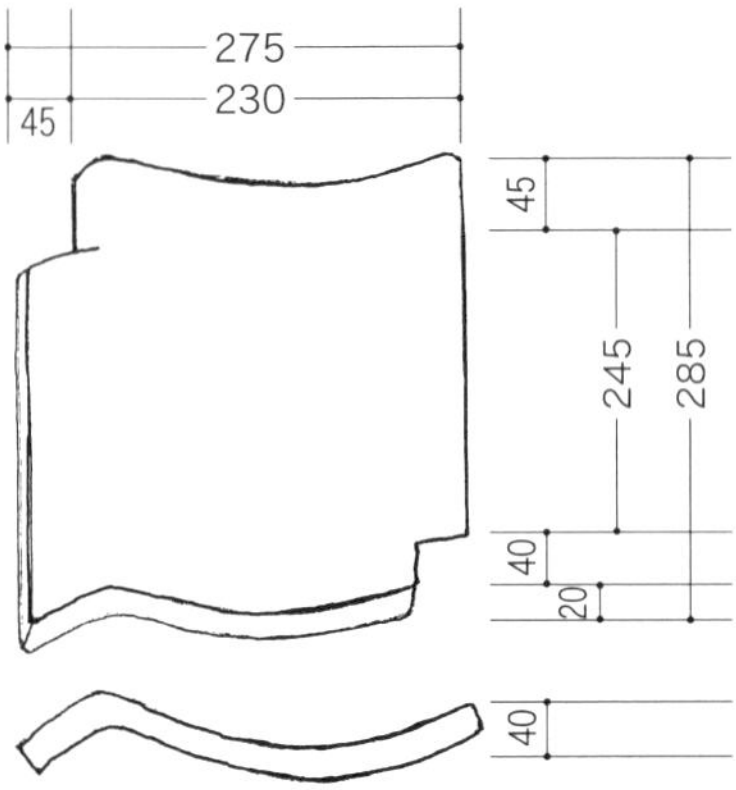

図17　岡本家の桟瓦（単位：mm）

（2）近江地方にみる瓦小史

日本に瓦が登場するのは6世紀末の飛鳥時代であった。仏教伝来とともに、朝鮮半島からもたらされた寺院建築に伴うものであった。瓦の葺き方は本瓦葺きといわれるもので、丸瓦と平瓦を交互に並べて葺きあげることで重厚な造りの屋根に仕上がる。本瓦葺きは今日なお寺院建築で多く見られる形式であり、一般の民家や土蔵にも使われていた。古くからの大きな漁浦である泉佐野（大阪府）を訪れた際に、本瓦葺きの重厚な民家が並んでいたことが今でも記憶に残っている。

仏教伝来（6世紀中頃）以降、年表などに記されている伽藍配置が整った著名な寺院（法興寺、法隆寺、四天王寺、崇福寺など）をあげるだけでも、約１００年間に18の寺院が大和、難波、近江を中心に建設・再建されているという。とりわけ推古天皇32年（６２４年）当時に46もの寺院が建立され、その大部分は大和地方であったと伝えられている。これらの寺院は本瓦葺きの大きな甍を輝かせていたと推測できる。

近江地方においても瓦に関わる歴史は古い。大津市歴史博

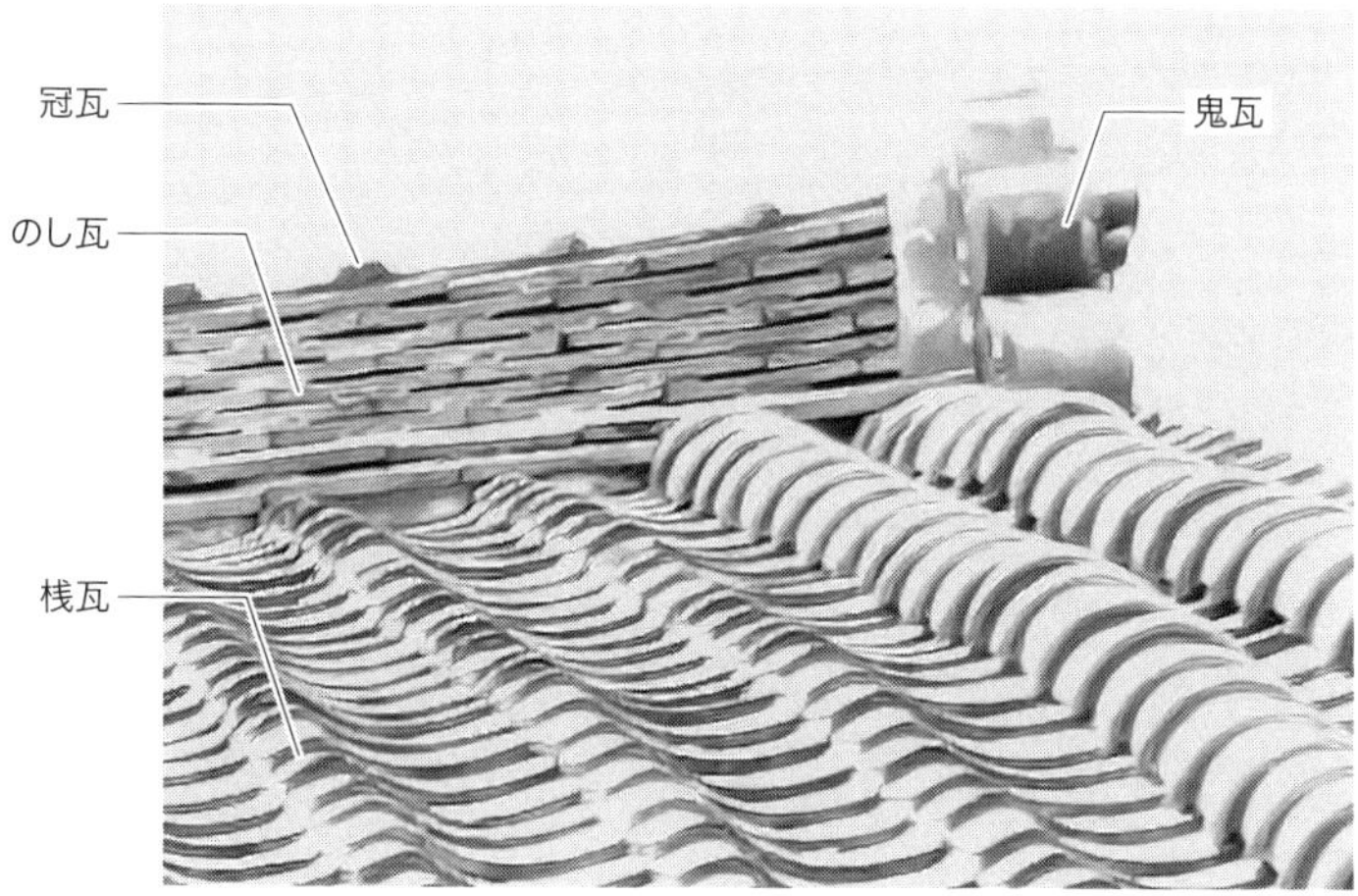

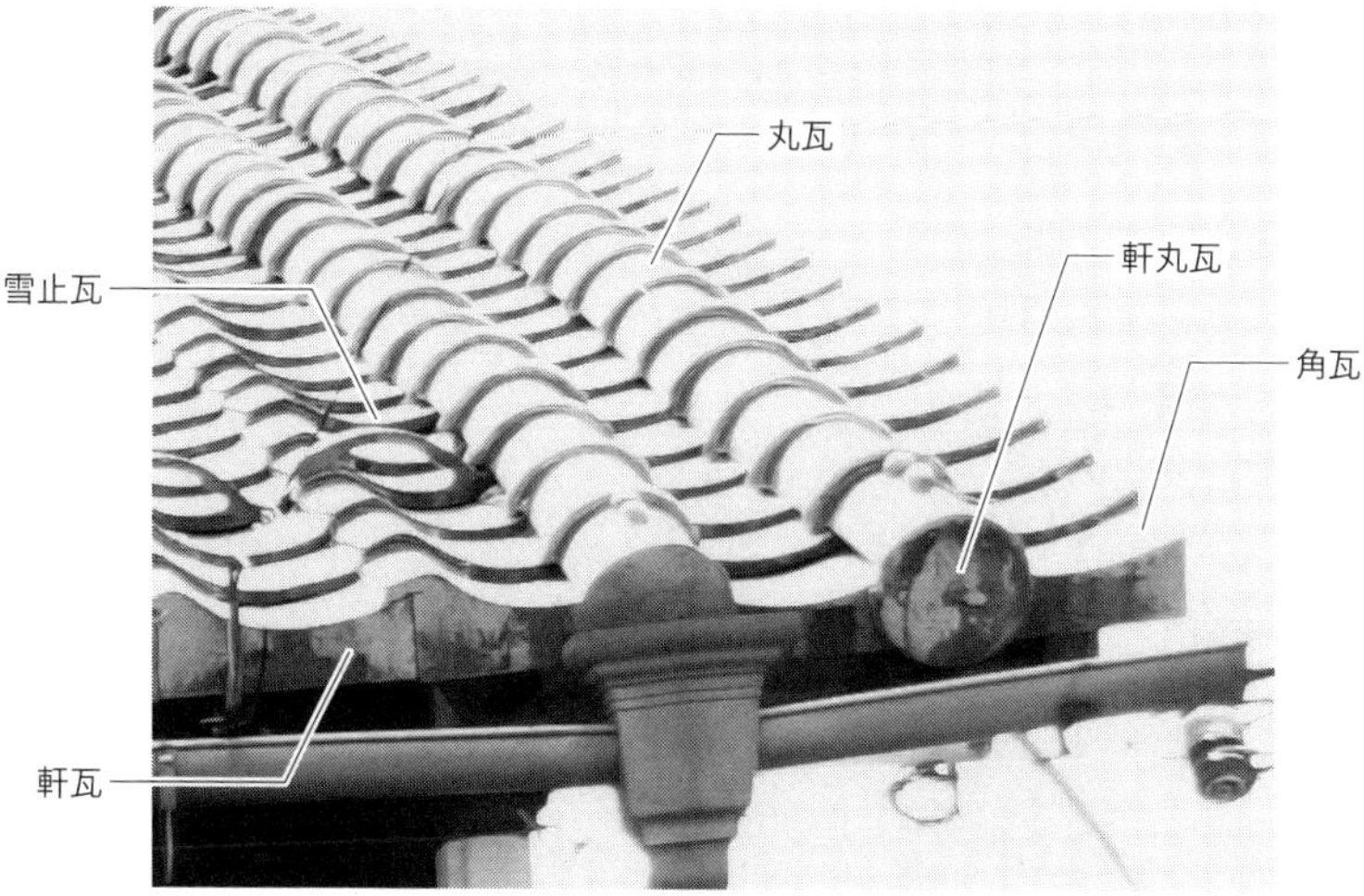

瓦の名称

物館発行の『かわら』によると大津市内で発掘された瓦でもっとも古いのは前期穴太廃寺出土のもので、飛鳥時代前期（6世紀末）の建築と考えられている。以下、穴太廃寺（7世紀前半）、衣川廃寺（7世紀中頃）、崇福寺跡（天智7〈668〉年）、坂本八条遺跡（白鳳時代・7世紀後半〜8世紀初頭）、南滋賀廃寺（同）、園城寺前身寺院（同）、東光寺遺跡（同）、石据廃寺（石守廃寺？）（同）、大津廃寺（白鳳時代〜平安時代）、国昌寺跡（同）、膳所廃寺（不明）があげられる。

以上の遺跡のうち瓦の窯跡をともなっていたのは、衣川廃寺（衣川）、崇福寺跡（大津市長尾？）、南滋賀廃寺（南滋賀）である。また大津市一里山には山の神遺跡（白鳳時代）が発掘されているが、この遺跡から須恵器を焼く窯が3基、鴟尾《しび》を焼いたとされる窯が1基出土している。窯跡は白鳳時代のものが多く、大津京（667〜672年）の整備に伴う寺院および窯場の建設が急がれたと理解していいようである。

次いで8世紀中頃に近江国庁が建設され、その東南には十二棟におよぶ倉庫群が発掘されている。また国庁周辺には青江遺跡、中路遺跡、堂ノ上遺跡、瀬田廃寺、野畑遺跡が発掘され、これらの遺跡からは国庁跡から出土した瓦と同類の瓦が出土しているという。この瓦を焼いたとみられる遺跡が大津市南部の南郷田中瓦窯跡であり、平窯2基、瓦溜《かわらたまり》、灰原などが検出されている。

さらに天平14（742）年から天平17（745）年までの間、現在の信楽の地に紫香楽宮が営まれ、天平宝字6（762）年から2年間にわたり瀬田川右岸とみられる地域に保良宮が営まれている。また平安時代に入ると、京都の官営の窯で焼かれた瓦が多く出土するという。日本の首都となった京都との交流も盛んになっていくのである。

古代日本の帝都が営まれたのは主として奈良盆地と京都盆地であり、大津で営まれた朝廷は短い期間であった。しかしながら藤原京、平城京の時代にはびわ湖周辺の山に3カ所の山作所（官営の木材管理事務所）が設置され、都に送る木材供給地としての役割を果たした。木材の伐採・搬出から建築材の加工まで、さらには建築物の構築や瓦の製造など、最新の技術が近江の地にもたらされたことは推測できる。帝都と隣接し、交流が深かったことが近江地方の文化形成に大きな影響を与えていた。

時代はかなり下って安土桃山といわれた時代のことである。この時代頭角を現していた織田信長は、永禄12（1569）年1月に京都に入り、足利将軍家の居館を建築している。この建築に寺院で多用されていた瓦が採用され、大量に必要であった瓦は、京都洛北において数カ所の窯で焼かせたという（原田2004）。

天正4（1576）年には安土城の建設がおこなわれ、この城にも瓦が使われた。そして織田家の家臣団の間においても城の建設に瓦が使用された。事例として元亀2（1571）年に細川氏の勝龍寺城（京都府長岡京市）、明智氏の坂本城（滋賀県大津市）、天正3（1575）年に佐々氏の小丸城（福井県武生市）などが建設されており、これらの城にも京都で焼いた瓦が使用されたという。京都は瓦の一大生産地であったことを裏付ける内容である。

（3）瓦の軽量化と低廉化

瓦の軽量化、そして瓦の加工の低廉化を実現し、一般民家への普及が始まったのは安土城建設から約100年後の延宝2（1674）年とされており、このことも近江国と関わりが深かった。そのキーパーソンは西村半兵衛尉正輝という瓦師であった。西村家は代々瓦師の家で、初代の西村半兵衛は文禄3

（1594）年、伏見城の建設に瓦師の棟梁として関わっている。その後も代々瓦師の棟梁を務めてきたようで、方広寺大仏殿、西本願寺、東本願寺などの工事にも携わっている。そして5代目の西村五郎兵衛尉正輝という人が桟瓦の開発に力を注いだのであった。西村家は代々半兵衛を名乗り、後に五郎兵衛は半兵衛に改名している（『かわら』同掲書）。

『かわら』には西村氏の「由緒書き」が記されている。その由緒書きによると本家の本拠地は播州飾西郡英賀庄西村（現姫路市飾磨区）にあり、瓦師を目指した初代は河内邦誉田《こんだ》（現羽曳野市誉田）で修行を終え、その後京都伏見、同下京、そして大津へという足跡をたどったとみられる。5代目正輝が大津にやってきたのは寛文2（1662）年で、その理由はこの年5月の大地震により浜大津に建設された幕府の米蔵が大きな被害を受けたからであった。正輝は幕府から米蔵の復興を仰せ付けられ、三井寺北別所観音寺町に住んだという。ちなみに正輝の次の代の正家は、内裏諸御殿棟方瓦棟梁を仰せ付けられて伏見田町に屋敷を賜っている。瓦師も移動を事とする職人であった。

当時大津は幕府の直轄領であり、そのほかにも加賀藩、彦根藩、小浜藩、淀藩、大和郡山藩、大溝藩の米蔵が並んでいた。さらには石山から三井寺、そして坂本にかけては大寺院が連なっていたことはすでに述べた。またこの時期は大津が大きな発展を遂げており、大津百町といわれる町が形成されていく時代であった。したがってこの時期に大津にやって来た瓦師はほかにもいたであろう。

近江松本村（現大津市松本）の瓦師も町の復興に加わっていたかもしれない。松本村は大津の南部に位置している。山手の浅井山から良質の粘土が採掘され、少なくとも元和年間（1615～24年）以前から瓦の生産がおこなわれていたようであった。それは鬼瓦等の瓦に松本村瓦師の名前が刻まれていて、近世初期には少なくとも2人の瓦師の存在があったことが知られているからである。大工の棟梁が棟札に自らの名前を刻む慣習があるが、瓦師も同様に瓦に自らの名を刻む慣習があったのである。

幕府の米蔵の復興に携わった西村正輝が軽くて安価な瓦を考案したのは延宝2（1674）年のことであった。大地震の年から12年が経過しているので、幕府関係の仕事はおおかた済んでいて、寺院や大津商人の蔵や住まいの復旧に関わっていたのではないだろうか。

大津は中世以来、京都に劣らないほど経済的に繁栄してきた町であった。『日吉山王祭礼図』（近世初期）にみえる大津の町は三階建ての土蔵はないが、漆喰で塗籠られた真っ白な土蔵の屋根には瓦が載っている。近世初期には大津の町においても、瓦葺き町屋の出現が間近であるという印象である。

ところが当時の瓦屋根は本瓦葺きであって、その重量はかなり重く、瓦自体も高価であった。重い瓦屋根を支えるにはそれに対応した構造体を構築しなければならないので建築費も割高になる。図だけで判断することは難しいが、『洛中洛外図』や『祭礼図』を見るかぎりでは、重い瓦屋根を支えられる構造の家は少ないように感じた。しかしその一方で、地震にも火災にも強い家屋が求められる時代に入っていた。

その『洛中洛外図』（旧池田本）には土蔵が描かれていた。蔵の起源として、伊勢神宮に象徴される内宮と外宮は高床式倉庫とするという見方がある。以降建物の本体は木造、板壁に板屋根もしくは茅屋根の時代が長く続いたが、大事なものを保管する倉や納屋を集落から離して建てることで火災から免れる知恵を持っていた。桧枝岐村（福島県）の板倉集落、九十九里（千葉県）の納屋集落をはじめとしてそのような集落は各地にあった。

しかしながら人口が密集し、決められた区画内に家や土蔵を構える必要のあった町場においてはそのような余裕はなかった。必然的に耐火性のある建物が求められることになるが、それが大壁造り土蔵と瓦葺きの屋根であった。大壁造りの建物は穴太遺跡（大津市穴太・古墳時代後期）で出土しており、古い歴史を持っていることはすでに述べた。建物を土壁で覆うという考え方は古くからあったのである。

しかしながら丸瓦を多用する本瓦葺きは、瓦自体が重く、高価なものであったため寺院や権力者の専有物となっていた。西村正輝が目指していたのは軽量で安価な、町屋でも使用できる瓦の製造であった。これは非常に先進的な考えであり、その成果が桟瓦という形で出現したのである。桟瓦は、丸瓦と平瓦を一体化した波型で、屋根の大部分を占める平方向に葺く瓦であった。桟瓦開発の過程について「西村家由緒書き」に具体的に記されているので、その一部を引用する（『かわら』前掲書）。

西村五郎兵衛尉正輝 法諡道西 御公儀ノ御蔵
五十七ケ所大津ニ御造営ニ付キ瓦一式此
五郎兵衛ニ仰付ラレ名ヲ半兵衛ト改メ
江州志賀郡大津三井寺北別所観音
寺町ニ初テ居住セリ然ルニ此ノ半兵衛若
年ヨリ思寄ケルハ瓦家ノ屋根大分重リ
ナルユヘ何トゾ軽クナルヤウニシテ瓦ノカサ子
モ多カランヤウニ工ミ出サントノ念願アリケルニ

其比牧野備後守殿ノ江戸屋敷ノ長ヤ
ヲ火除瓦トテ葺セ玉フヨシノ風聞シケ
レバ熊々《ワザワザ》江府へ下リ是ヲ見ルニ常ノ平瓦ヲ
枌屋根並ベタルモノ也此分ニテハ雨水ヲ防
グベク術ナク面白カラズトテ　（中略）
二角《スミ》ヲ切闕継合《キリカキツキアセ》ニ鎬《シノギ》ヲ付《ツケ》ルナラハ雨水《ウスイ》
ヨク流ルベシト鍛錬《タンレン》スルコト年ヲ歴《ヘ》テ延《エン》
寳二甲寅年四月八日願望成就シ其
瓦ヲ三井寺万徳院ノ玄関ヲ初《ハシ》メテ
葺《フキ》タル時此瓦ヲ如何申スヘシ哉《ヤ》名《ナ》ヲ
付タビ玉ヘト申ケレバ江戸ニテ火除瓦《ヒヨケカワラ》ヲ
見テ工夫ノ種トナリシカバ只江戸葺瓦ト
云《イウ》ヘキ歟《カ》ト宣《ノタマ》ヘリ是則《コレスナワチ》江戸葺瓦濫觴《ランシヤウ》
ノ作人ハ此半兵衛也
　　　貞享四丁卯年正月廿七日往生
　　　　行年四十六歳謚釈道西

桟瓦考案の部分をみていくと、牧野備後守の江戸屋敷の長屋は火除瓦として平瓦が葺かれていたことがわかる。この瓦の葺き方が枌板《ソギイタ》(注5)の葺き方と同じであったので雨漏りを防ぐことが難しいと判断し、瓦の２カ所に切込みを入れることで雨水をすみやかに下に流すことを発想したと記されている。そして江戸の瓦から発想を得たので、この瓦を江戸瓦と名づけたとある。これが後の桟瓦である。

（注５） 枌：長さ一尺、幅三寸ほどの板。枌を薄く葺いた屋根を板屋根という（『和漢三才図会』）。

重量比較（参考重量数値）

桟瓦（和形53A）		
53枚／坪×2.8kg＝148.4kg／坪		**148.4kg/坪**
本葺瓦（葺き土は除外）		
9寸×尺本平	91枚／坪×3.8kg／枚＝345.8kg／坪	
5寸本葺素丸	45枚／坪×2kg／枚＝90kg／坪	
		合計 435.8kg/坪

桟瓦葺きの屋根と本瓦葺きの屋根（本葺瓦のみ）の重量比較について、瓦製造の専門家である鎌田謙二氏に試算をお願いしたところ、あくまでもおおよその参考重量数値であるとして、上記の表に示した数値を算出していただいた。

この数値は桟瓦と本葺瓦の一坪あたりの重さの比較であり、しかも屋根を構成する種々の瓦の重量は示されていないので、屋根全体の数値は未定である。しかしながら桟瓦普及の一つの目安として有効な数値であることは間違いないであろう。構造体の耐久力については計算がおよばないが、本瓦葺きの建物は構造体に約3倍の負荷がかかることが示されている。

ちなみに、岡本家の屋根の面積は１５０㎡（五〇坪）であった。そのすべての面積を桟瓦で葺いたと仮定すると、総重量は約７８６５kg（約7・9t）、一方本瓦で葺いた場合は約２万３０９７kg（約23t）になる。屋根の重さは必然的に屋根を支える建物の構造体に大きく影響するので、建物の躯体の建設にも大きな負担がかかることになる。本瓦葺きの時代においては町屋や民家では対応が難しかったのであろう。

江戸時代中期以降、京都や大津、坂本だけでなく、一般の民家においても瓦葺きの屋根が出現し町の景観を大きく変えていった。その動きは地方都市においても展開し、とりわけ小京都とよばれる町では豊かな日本型景観を継承してきた地域が少なくない。桟瓦は今日なお一般民家に使用されている瓦であり、より雨水を通しにくい瓦へと進化し、しかも瓦を確実に固定する方法が開発されている。このことを含めて、西村半兵衛正輝の桟瓦の開発は町屋の景観に大きな変革をもたらしたのであった。

第３章　建築の規格化と町屋の進化

１　町家を成立させた要素

（１）多様な製品の製作

町屋が成立する理由は、人びとの暮らしに必要な商品が生産され、その商品が流通することで生産活動と商業活動が活発になり、町人層が増加していったことによる。その前提として、生産された製品が多くの人びとにとって暮らしや生産活動に役立つものであり、人びとの手に渡る流通システムができあがっていたことが想定される。

慶長から元和年間（１５９６～１６２３年）に描かれた『洛中洛外図（舟木本）』には商人や職人の家が描かれていて、人びとは家を構えてその一室を仕事場にして作業している姿がみえている。

中世社会において「商人」といえば行商人を指すのが普通であったという。都市部においても常設の店舗を構えて商いをしている人はきわめて少数であって、そのような人は商人とはいわず「町人」とよんでいた。町人は町に居住して、商工業を営むかたわら町の自治に関与していた人びとであった。この考え方は中世史研究で知られる豊田武が唱えた説であり、今日においても研究者の間では適切な説であるとされている（石井２００２）。
14世紀後半、南北朝時代後期から室町時代初期の頃に刊行された書物『庭訓往来』には「およそ京の町人・浜の商人」という記述があり、商人と町人がはっきりと区別されていた。先に述べたように、町人は町に定着して商工業を営む階層で、町内の自治に携わっていた。これに対して商人は主に行商や人が多く集まる市に出かけて行って商いをする人びとであった。多くの商人や職人が町人として町に店を構えるようになるのは15世紀以降ということになる。

ただし商行為の変化については、時代の流れに沿って語ることの難しさを感じている。行商、市売りという形から店を構えて商売する形に移行していくことが、それぞれの時代においてなされてきたからである。ここでとくに中世社会、そして近世社会へと移行する時代を取り上げるのは、商人や職人が町に定着し町人として町の自治に携わる時代に入ったとみられるからであった。

時代は少々下るが、『和漢三才図会』（正徳２〈１７１１〉年）は、著者である寺島良安が著した図入りの百科全書である。この本に登場する製品は実に多様であり、このうち主な生活必需品として使用された木製品と竹製品をあげてみると次のようになった。

容飾具	盥、櫛、匜（注6）など
服玩具	扇、団扇、印籠（注7）、杖、唐傘など
履襪類（注8）	屐（注9）、下駄など

庖厨類(注10)	茶筅、漆椀、飯台、折敷(注11)、破子・破籠・樏子(注12)、食盒(注13)合子・盒子、提盒(注14)・提重箱、行器(注15)、杓子、柄杓、箸、まな板、火鉢・火炉(注16)、甑(注17)など
家飾具	障子、屏風、床几(注18)、脇息(注19)、脚立《きゃたつ》、梯子、櫃、箪笥、衣桁(注20)、行灯(注21)、提灯、巾箱(注22)、乱箱(注23)、挟箱(注24)など

慶長から元和年間、京都堀川沿いに作業場を構えていたのは建具職、桶職、そして指物師らしい職人であった。上記の木製品は人びとの生活において必要不可欠なものが多いので、職人衆は市内に作業場と店を構えることができたのである。このうち町人が備えてきた木製品は、生活必需品のほかに家飾具の中に多く含まれている。帳台、建具、屏風、床几、脚立、梯子、櫃、箪笥、衣桁、行灯、提灯などがあった。

(注6) 匜《はんぞう》：側板の一部を長くした腰高の小型の桶
(注7) 印籠《いんろう》：印・印肉、薬用に作られた精巧な小箱
(注8) 履襪《りべつ》類：履物類
(注9) 屐《あしだ》：主に雨天に使用する高下駄
(注10) 庖厨《ほうちゅう》類：調理、食用具類
(注11) 折敷《おしき》：ヒノキの薄い白木で作った折箱
(注12) 破子・破籠・樏子《わりご》：折箱のように作り、内部に仕切り板をつけてかぶせ蓋をした弁当箱で、行厨《こうちゅう》ともいう
(注13) 食盒《じきろう》・合子・盒子《こうし》：蓋つきの食器
(注14) 提盒《ていごう》・提重箱：器類を運ぶための手提げのついた箱
(注15) 行器《ほかい》：食物を盛った器を運ぶための大型の容器

（注16）火炉《かろ》：火鉢、炬燵《こたつ》、囲炉裏《いろり》の類
（注17）甑《こしき》：食物を蒸すための容器、土器、木器などがある
（注18）床几《しょうぎ》：野外で使用する腰掛の一種
（注19）脇息《きょうそく》：肘掛け
（注20）衣桁《いこう》：衣類などかけておく家具
（注21）行灯《あんどん》：箱型の木枠に紙を張り中に油皿を据え灯火をともす道具
（注22）巾箱《きんそう》：絹布梁の箱
（注23）乱箱《みだればこ》：手回り品や衣類を入れる漆塗りの浅い箱
（注24）挟箱《はさみばこ》：具足や着替えを入れる箱。棒をさして従者に担がせる

（２）町屋建設に必要な木材の供給

町屋の建設にあたって、また上記の木製品の製作に不可欠な原木の供給について概観してみる。建築物を建てるには建材が必要であり、その原木や建材の供給システムを構築することが必要であった。正安元（１２９９）年の作とされる『一遍聖絵』には堀川をさかのぼる筏の図が描かれており、この頃すでに京都堀川沿いは材木の集散地であったことがうかがえる。

京都において鎌倉時代前期には木材流通のシステムができあがっていたことがわかるのであるが、その時代はさらにさかのぼることができるようである。四条堀川から五条堀川にかけて材木屋を営んでいた商人は平安時代末期には出現しており、五条堀川は材木の集散地であって市が開かれていたと伝えられている（『角川日本地名辞典』１９８２）。

一般に山中から伐り出された材木は、川、湖、海を利用して搬送する例が多くみられた。堀川は京都市北部を水源として、東の鴨川、西の若狭川から水を引いて市内を南流し上鳥羽で鴨川に合流する。平安京建設の際に計画され、古くから物資輸送を担ってきた重要な運河であった（角川書店1982）。

丹波の山地帯から搬出された木材は桂川を下って堀川に入り、次いで堀川をさかのぼって五条堀川まで運ばれたようである。桂川のどのあたりから堀川に入るのか確認できていないが、地図上で見るかぎりではかなり長い距離をさかのぼることになったとみられる。それでも陸上輸送よりも大幅に負担が軽減されたのである。

絵図には6、7本の木材を筏状に組み、3連につないだ筏が川の流れに逆らって登っていく様子が描かれている。筏を曳く男は5人で、そのうち4人は腰に綱をまわして後ずさりしながら曳いている。その方が踏ん張ることができるからであろう。筏流しは流れに沿って川を下るだけでなく、さかのぼって運材していたことがわかる。

堀川をさかのぼる筏を見ると木材は原木のままではなく、すでに山中あるいは土場（木材の集積場）において枝葉などの余分なものを取り除きあらかた角材にしたものを流している。番匠（大工）や木工職人たちは堀川五条のあたりまで出かけていき加工に必要な角材を確保したのであろう。『洛中洛外図（舟木本）』には材木を選んでいる人や、客の求めに応じて角材を運ぶ人、牛車に角材を載せている男たちが描かれており、材木の取引で繁栄していた姿がうかがえる。

京都周辺において、木材を産出していた地方は丹波、北山などで、良質のスギ材を産出することで知られていた。ヒノキ、サワラ、ネズコ、アスナロ、コウヤマキなどの樹木も建築材として有用であった。いずれも針葉樹である。京都にはこのような背景があって、古くから木を加工する職人が居職としての作業を可能にしてきたのである。

奈良においては古くは近江地方から材木が供給されていたが、南部に吉野という良質のスギの産地がひかえていた。吉野杉の植林は早くからおこなわれていて、近世初期には製品として販売されていたことがうかがえるという。先に京都上立売に露店が出ていたことを述べたが、大坂においても材木が立売されていたことが記されている（北村１９５４）。

吉野杉は密植という植林法を採用していた。１ha（約1町歩）に９０００本から1万本の苗木を植える。したがって陽光は上からしか当たらないので苗木は上に向かって伸び、元と先の太さはあまり変わらないような材ができる。成長するにしたがって枝打ちと間伐をおこない大径木を育てていくのであるが、間伐材はその用途に応じて使用されている。このような良質な材は醸造用大桶や輸送用樽の原木が主であったが、家具材や建築材にも使用されてきたのである。

京都や奈良を中心とした地域に本格的な町屋の建築を可能にしたのは、商工業に携わるかたわら町の自治を担う町人の存在と、もの作りのための原料の供給システム、道具類の製造と流通システムが整っていたことが大きな要因であった。とくに町屋建築においては木材の供給と合理的な建築工法の成立、そして大工をはじめとした各種職人の存在があって初めて成り立つものであった。

2　建築の規格化と町屋の進化

先にみてきたように町屋の多くは共通した要素を備えていた。町屋が群として存在した地域は、連帯感のある景観を生み出したのであるが、それは単なる雰囲気ではなく、深い所に存在する思想のようなものを共有しているように思える。そのことは、本格的な町屋建築が庶民のものになったことと、同意であると考えていいのかもしれない。

今日につながる町屋が成り立つのは、建築の構築システムが形成されたことによると考えている。そのシステムは建材と建築工法の規格化、その建築を可能にした技術と道具の進化であり、そのことについて考えを深めていく必要があろう。

建築工法の規格化は古くからの工法が土台となり、その上に新たな考え方が加わったものであった。加えてより規格的、合理的な工法を実現していくための新しい工具の出現と工具の多様化があった。建築工法が進化するにつれ工具の種類と数が驚くほど増加していくのである。工法と工具は互いに影響を及ぼしつつ進化してきたとみられる。

木材の加工用具がほぼ出そろい、進化した建築工法を獲得し、多様な工具を使いこなし、建築および保守管理する技術者が育つことで本格的な町屋建築が確立されていったと考えるのである。その時期は16世紀後半から17世紀前半にかけての時代に絞られてきたように思う。

（1）柱割制（芯々制）と畳割制（内法制）

柱割制（芯々制）　建築の規格化を可能にした基本的な考え方が寸法の統一であろう。柱の寸法と柱間（柱と柱の間隔）、敷居と鴨居の高さ、床から天井までの高さ等の寸法を合理的に割り出していくことで、規格化された部材の使用が可能になり、そのことが均整のとれた町屋の出現と景観形成に貢献したのではないか。そこで住宅建築では常に問題になる柱割制（芯々制）と畳割制（内法制）から話を進めてみたい。

柱割制は柱と柱の芯（中心線）の間隔を基準に間取りを計画する方式である。現在では一間の長さを六尺＝1m82㎝（または1m80㎝）として住宅の大きさを決める例が多い。この方式を使うと一間半の長さは2m73㎝（2m70㎝）、二間の長さ3m64㎝（3m60㎝）、三間の長さ5m46㎝（5m40㎝）となり、建築の規模を容易に算定することが可能である。

しかしながら時代をさかのぼっていくと、一間の長さが時代によって、また地域によって一定せず七尺、六尺五寸、六尺といった時代が続いた。現代住宅の多くが一間の長さを六尺に設定しているが、これが定着しているのであるが、六尺五寸を一間とする建物は現在なお健在である。

一間の長さを統一し、柱の太さを一定の規格でそろえることができれば、規格化された建築により近づけることができる。しかし建築材を確保する方法として、大工の棟梁が山に入り立木を1本1本見て歩きながら柱、梁、桁、土台、そして棟木、母屋、垂木などの屋根材をそろえる、また木材市場で取引をするという時代が続いた。原木はみな同じ規格で育つことはないので、規格品をそろえることはたいへん難しい作業であった。しかも道具の種類が限られていた時代においては不可能に近かった。

柱の太さがそろっていないと柱と柱の間の寸法が一定せず、また柱を芯でそろえていくと柱の列に凸凹が生じ、一線上にそろえることが難しい。そのいい例が大黒柱、小黒柱とよばれる特別太い柱である。24㎝角の柱と14㎝角の柱をそろえようとすると、無理が生ずるのである。したがって規格品としての畳を入れられる場合が限られ、柱割制で建てる家屋は土間や板の間の部屋が都合のいいことになる。

この柱割制による建築は畳を敷きつめることは前提としていなかった。普段は畳はたたんでおくことが多く、このような住まい方は北陸地方を含めた東日本で継承されてきた。東日本の家屋をみていくと、とくに農家は広い土間と広間をもった家屋が多くを占めていた。この広間は主に板敷の部屋であり畳を敷くことは少なかった。さらに古い時代は土間であった可能性がある。その奥には客を迎える座敷が続くが、座敷は文字通り畳を敷いた部屋ということになる。しかしこの部屋も普段は畳をたたんでおき、冠婚葬祭など客を迎える時に限って畳を敷いたのである。

しかも畳を敷く位置は決まっていた。畳の裏に方角と番号をふっておき、敷き方が限定されているのが普通であった。畳自体の寸法も一定していなかったからである。また現在一般に使用されている座敷は年間通して畳を敷いているので床板は仕上げていないが、古い家屋の座敷や広間の床板は素足で歩いても抵抗がないほどきれいに仕上げている。

畳割制（内法制）　柱割制に対して畳割制は畳を敷くことを前提とした方式である。中世から近世への移行という大きな変化を経験するまで、柱割制は全国的におこなわれた方法であった。中世末以降京都を中心とした畿内において、出稼ぎによる商行為に従事していた人びとや市商人とよばれていた人びとが、新興の町人層として地位を獲得していくようになった。まさにこの時代に畿内をはじめとした都市部において、座敷に畳を敷くことを前提とした畳割制の家屋が成立していくと考えていいようである。

畳割制のもっとも注目すべき点は、柱、敷居、鴨居、垂木などの建築部材、そして畳、建具などの規格化が進んだことであった。この改革により町屋とよばれる店舗兼家屋の形式が整うことになったと考えられる。また特別な階級の人びとだけではなく、普段は生産活動や交易に携わる人びとの間においても畳敷きの和室がいき渡るようになっていくことが大きな特徴であった。しかし、畳割制の欠点がなかったわけではない。

畳割制は文字通り畳を基準として間取りや家屋の規模を決める方式である。京の町屋では畳1枚の長辺を六尺三寸、短辺を三尺一寸五分と定め、この畳の寸法に合うように柱と柱の間を決めていく方法がとられた。畳割制で建てられた家屋は部屋のどの位置に畳を入れても不都合がなく、別の家に引っ越しても同じ畳が使えるという便利さがあった。柱の標準的な太さは四寸(12㎝)角を採用している。

この基準化された畳と柱の寸法は、家屋の規格化に大いに貢献した。少々煩雑になるが、柱割制と畳割制の特性について続けてみたい。柱割制は柱の芯から芯までの寸法を単純に追っていくことができるので、仮に一間の長さを六尺五寸(1m97㎝)とすると、一間半は九尺七寸五分(2m95㎝)、二間は十三尺(3m94㎝)になる。この場合は間数が増えても単純に数値を加算していくことで解決する(注25)。

これに対して畳割制の場合は、柱と柱の間隔を畳の長辺である六尺三寸にすることを基準にするので、一間の長さは両側の柱(四寸角)の芯までの寸法を加えて六尺三寸+二寸+二寸、合計六尺七寸(約2m30㎝)になる。柱割制の一間よりも二寸(6㎝)長くなる。また一間半では畳の長さが九尺四寸五分

（六尺三寸＋三尺一寸五分）になるので、柱間が九尺八寸五分（約２ｍ98㎝）になり、柱割制よりも一寸（３㎝）大きくなる計算である。これは四畳半の部屋を想定している。

このようにしてみていくと、柱割制では間数が増えても単純に加算していくことができるが、畳割制の場合は一間では二寸、一間半では一寸、二間半ではやはり一寸の違いが生ずる。二間の場合はたまたま数値が一致するのであるが、柱割制よりも計算が複雑になり間取りの構成が難しくなる。単純に二間は一間の２倍にはならないからである。

（注25）　一尺の長さを30㎝３㎜とし端数は四捨五入した。またここでは両制度の比較をするために一間の長さを仮に六尺五寸とした。室町時代後期に六尺五寸が定着しこの寸法を京間とよぶようになったという説が認められている（伊藤１９６３）

（２）畳割制による間取りの構成

畳割制の複雑さは間竿《ケンザオ》の使用で解決した。間竿は大工が使う一種の定規で、家屋の寸法に合わせて現場で作るものである。平面を測る間竿と高さを測る間竿がある。平面を測る間竿に畳割を基準とした長さに墨をしておくことで複雑な計算を避けることができる。そして単純な平面の組み合わせであれば規格品の畳を隙間なく敷きつめることができる。

たとえば４部屋で田の字型の間取りを作る場合、八畳×４部屋でも六畳×４部屋でも、また八畳×２部屋と六畳×２部屋を組み合わせる形であっても田の字型になり、すべての部屋に同じ規格の畳を隙間

八畳の部屋が一列に並ぶ座敷。右側に通りニワがみえる

庭の一部に設置された浴室、手洗い、便所

町屋の背後の庭。一番後ろに蔵が建っている

通りニワ。井戸の後ろには竈が設置されていた

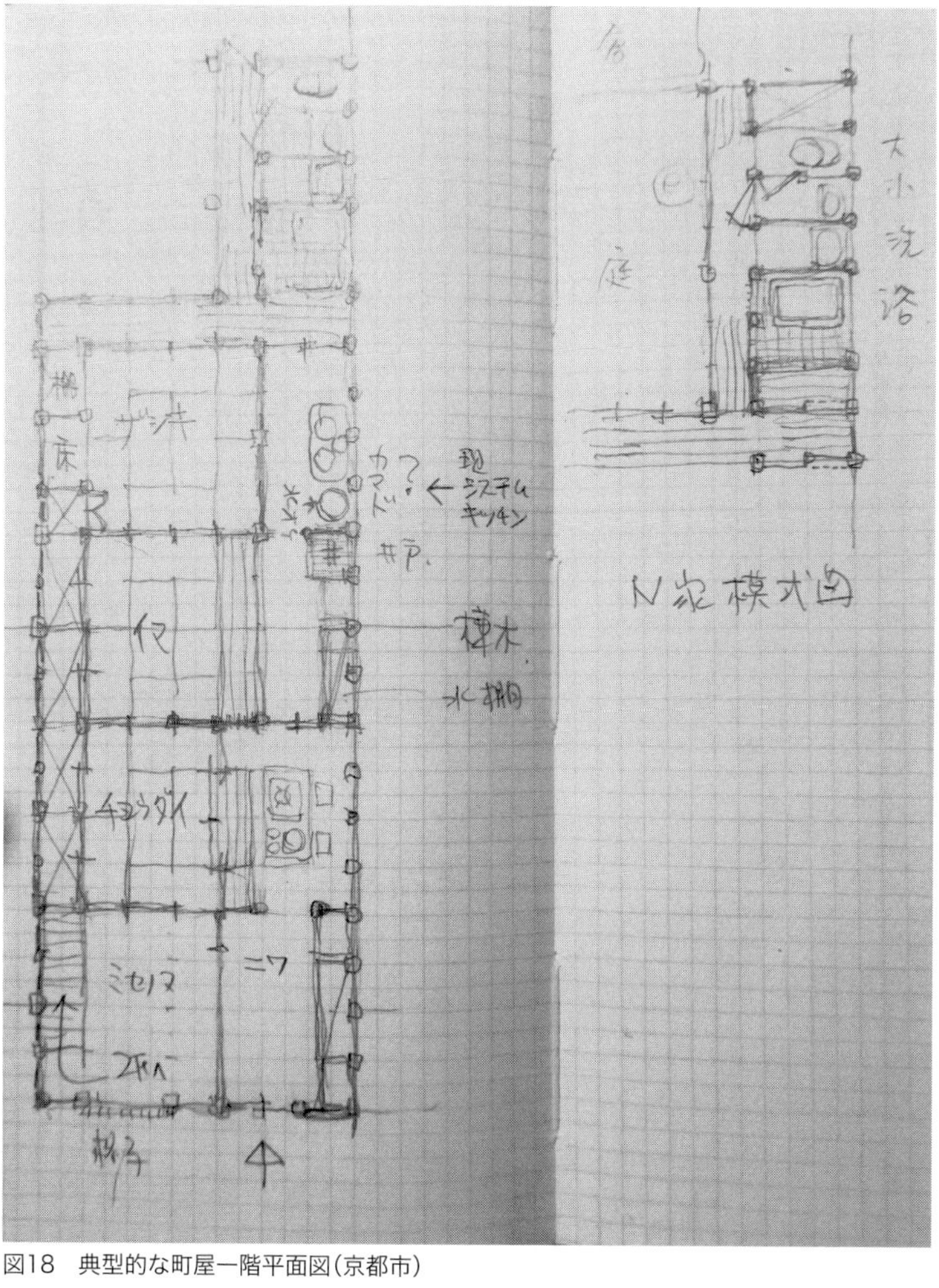

図18　典型的な町屋一階平面図（京都市）

なく敷きつめることが可能である。このようなことを柱割制でおこなう場合は部屋の大きさによって畳の寸法が異なるために不可能に近いでことあった。

興味深いことは、四つの部屋を隔てる可動式の間仕切りを外すと畳敷きの大広間が出現することである。西日本に多い田の字型間取りはこのようにして一般化していったのではないか。もちろんその背景には人間関係（人と地域とのつながり）、年中行事や通過儀礼など、日本人の伝統的な習俗と暮らしのあり方が色濃く反映されているのであるが、この問題に関しては後述することにする。

間口を広くとれない町屋の場合は片側に店の間、中庭、和室等を配置し、もう一方の側は通りニワ（土間）として使用する形式が定着した。たとえば間口が三間の町屋であれば、片側二間には八畳もしくは六畳敷きの部屋を縦に並べる。中坪《ナカツボ》と称する中庭を配置することもある。もう一方の側が幅一間の通りニワという形になる。部屋を縦に並べれば複雑に組み合わせることがなく、畳敷きの部屋を配置することが容易になる（図18）。

さらに通りニワに炊事場を設けると対面する和室が茶の間として機能することになる。場合によっては中庭の奥に和室を配置し、そのまた奥は縁を隔てて庭にする。庭の一部には風呂場、洗面、洗濯場、トイレなどを置き、一番奥には蔵、もしくは物置を配置する。二階は家族用の部屋として使用する。137頁に示した町屋は、実に合理的な配置であることに興味を惹かれる。

間口が二間の場合はその規模が縮小され、四間の場合は余裕をもたせた部屋の配置が可能になる。つまり和室と通りニワ、和室と中庭、和室と縁、庭を組み合わせることで畳割制の弱点を克服することができている。通りニワ、中庭、庭が寸法の端数を逃がし、畳割制から生じた矛盾を解決しているのである。

規格化された畳敷きの部屋は田の字型、並列型にすることで組み合わせが容易になり、容易になったことで多様な畳敷きの和室を構成できるようになった。そして、たとえば四畳半や三畳の部屋を組み込みたい、規格外の部屋を作らざるを得ない、あるいは四寸角の柱がそろわない、象徴的な太い柱を使いたいといった不都合な事態が生じた場合には、通りニワや中庭、縁、庭を設けて寸法の端数を逃がすという方法がとられたのである。

通りニワとは細長い土間のことであり、土間は水回りの設備を集中させる場である。中庭および庭はくつろぎの空間であり、採光や通風にも優れている。そうした役割のほかに、部屋の寸法の誤差を解消するというもう一つの機能を見い出すことができる。

3　建材、建具等の規格化

家屋の規格化は畳だけでなく、構造材、造作材、建具、瓦などにもおよび、建築材の量産化を促すことにもなった。基準になる主要な建築材は先ほど来述べてきた四寸角の柱であり、長さ（高さ）は十三尺五寸が標準であった（島村ほか１９７１）。曲尺《カネジャク》の寸法では一尺を３０３㎜にしているので、十三尺五寸は約４ｍ９㎝（四捨五入して４ｍ10㎝）ということになる。十三尺五寸という長さ（高さ）は六尺五寸（京間の一間）の２倍（二間）プラス五寸（約15㎝）ということになる。五寸の余裕を見た二間材ということである。

表3　4寸角材の分割方法と用材

分割方法	寸法（尺・寸）	寸法（cm）	用材の種類
二つ割り	2寸×4寸	約6cm×12cm	敷居、鴨居
四つ割り	2寸×2寸	約6cm×6cm	垂木、虫籠格子
六つ割り	2寸×1寸三分	約6cm×4cm	寄敷居、付鴨居、垂木、虫籠格子
八つ割り	2寸×1寸	約6cm×3cm	小舞、野縁
十二割り	2寸×6分6厘	約6cm×2cm	腰板の胴縁
十二割り	1寸×1寸3分	約3cm×4cm	天井の竿縁

先にみてきた畳の大きさは、日本人の標準的な人体寸法から生まれた値といわれている。日本人男性の標準的身長は長い間五尺二寸（約1m58cm）とされてきた。この寸法が日本家屋の基準になっていたとみられる。旧岡本家の和室の内法寸法（敷居の上から鴨居の下までの高さ）は五尺六寸五分（約1m72cm）であった。建具はこの高さに合わせるので、同家の建具は今日的には背の低いものであった。近年の成年男子の平均身長は10cmあまりも高くなっているのであるが、今日においても鴨居と敷居の内法寸法は五尺七寸（約1m73cm）から五尺八寸（約1m76cm）が標準になっている。

天井の高さも基準が定められていた。畳の数によるものであり、畳の数に10、もしくは9をかけた数値を算出し、その数値に内法の高さ（単位はcm）を加えるという方法である。たとえば畳の数に10をかける場合は、岡本家の六畳の和室であれば6×10＋172＝232cm、八畳間であれば252cmになる。このうち、畳の数に10をかけた分の60cm、および80cmは小壁の高さにあたる（佐藤1979）。小壁は鴨居の上から天井までの壁のことである。

部屋の広さによって天井や小壁の高さに変化を与えるのは、日本人のバランス感覚の表れと考えていいであろう。この感覚は正式な和室

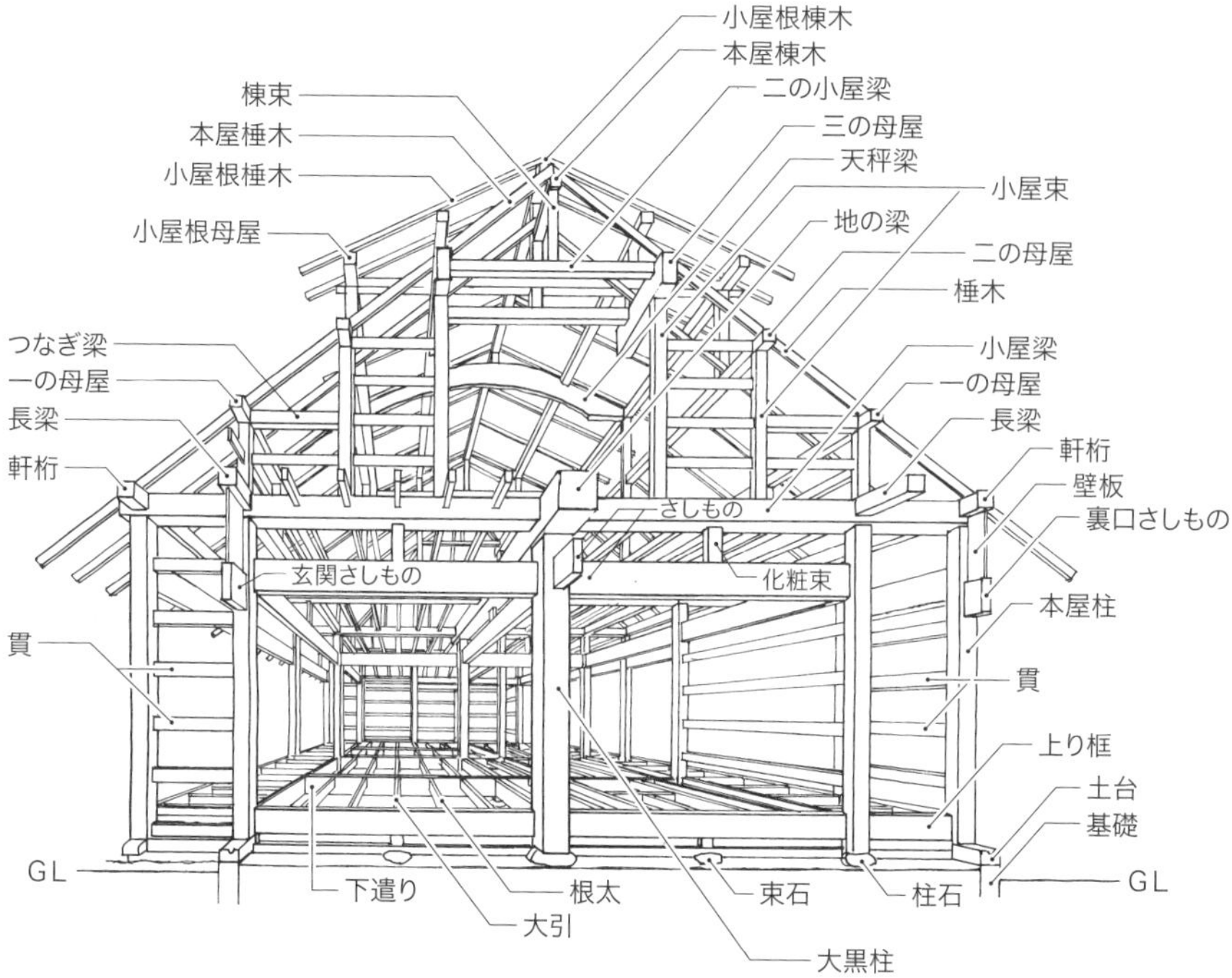

図19　和風住宅の構造と部材の名称（参考：『図解木造伝統工法』）

に落ち着いた雰囲気をもたらし、同時に繊細な美しさを表現しているように思える。また部屋の広さと天井の高さとの関係は、座敷で正座をした状態での感覚であり、洋室の場合はこれに椅子の高さ40㎝を加えた天井高にするという。

　建材に関しても一定の基準があった。四寸角の材は標準的な柱として使用されまた畳割制を可能にしたのであるが、この材を二つ割り、四つ割り、六つ割り、八つ割り、十二割りにすることで、さらに建築材の規格化に貢献した。二つ割りは敷居と鴨居、四つ割りは垂木として使用される（表3）。

　旧岡本家においても基準になる柱は四寸角であり、敷居と鴨居は二つ割り、虫籠窓の芯になる材は四つ割りであったので、このシステムは近代まで踏襲されていたことがわかる。そのほか四寸角材をさらに細かに割ることにより、付け鴨居、寄り敷居、小舞、胴縁、竿縁などとして使用することが可能になった。建材の規格化については（表3）で示した。

もちろんこのような規格は標準的な数値を示したものであり、建材の選択、施主の財力や好み、とくに棟梁の裁量によってもその数値は変化する。以上の建材は化粧材とよばれるもので、施工の際に傷をつけないこと、常に直角と水平が保たれていること、材と材の組手に隙間があくことのないように取り付けることが求められた。

4　間仕切りと建具の普及

（1）寝殿造りの間仕切り

間仕切りや建具は、貴族や武家の住宅であった寝殿造りと関係が深く、今日の住宅もその伝統を受け継いでいる。寝殿造りの標準的な形式は、平安時代の後半に絵巻物や公家の日記などの文献に現れることで、具体的な形がみえるようになった。

主要な建物（主屋）は寝殿とよばれる主人のための住宅である。主屋は五間×三間が標準のようで、その周囲は壁でふさがれていて正面のほか数か所に出入りできる両開きの扉が設けられている。この主

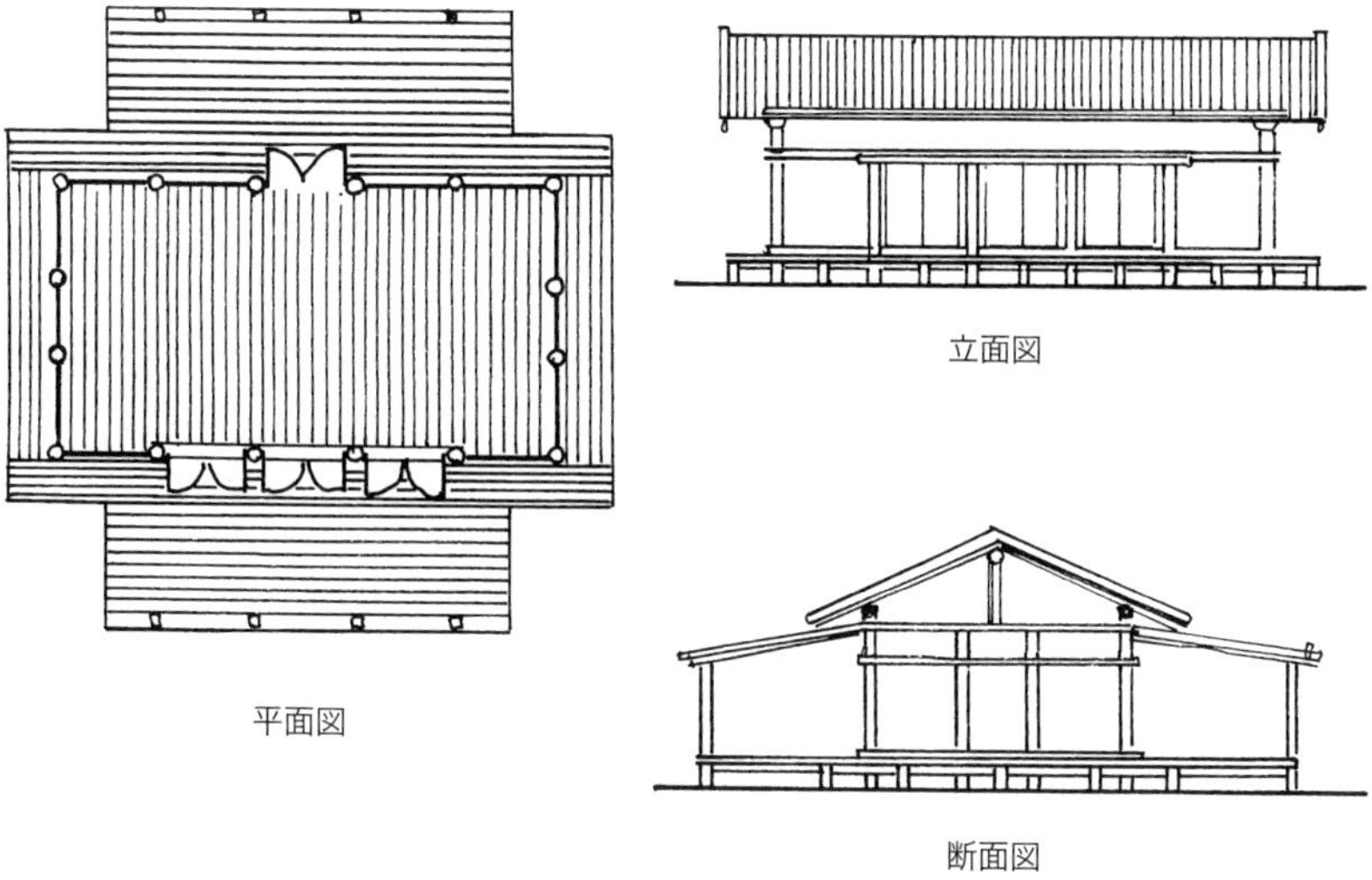

図20　寝殿造りの図　藤原豊成邸（小川光賜著『寝所と寝具の歴史』）

屋に一間ほどの庇をつけた建物を基本形としているが、庇を伸ばすことで室内空間を広げることができる仕組みである。敷地のほぼ中央に正面を南に向けて建てており、棟の方向は東西に向いている。平入である。

主屋の両側に棟の方向を南北に向けた対屋《タイノヤ》とよばれる建物が配置される。対屋は家族の住まいで、主屋と対屋は渡殿《ワタドノ》とよばれる回廊で結ばれる。この形式を寝殿造りとよんでいる。高位の貴族の場合は、主屋の南側に大きく庇を伸ばして広い空間が確保され、その先には庭が造られている。この庭には舟遊びができるほどの大きな池が広がっている。そのほか主人に仕える人びとが使用する施設や住居も造られた。

寝殿の北側にも対屋が建てられ、その対屋の中に台所の設備があったようである。この建物も主屋（寝殿）と渡殿で結ばれている。

屋敷の周囲には築地がまわり、東と西に設置された四脚門が屋敷への出入り口となる。つまり寝殿造りの基本形は、主人とその家族が生活するための住宅であった。

住宅であるということは日常的に生活を営み、くつろぎ、就寝する場ということになる。重要な点は、寝殿造りは床のある建物であることであった。この時代、民俗学の対象になる常民の住宅は竪穴式住居が主流であったことがわかっている。床を備えた寝殿造りとはあきらかに住居形式が異なっているのである。寝殿造りのような建物は、海を渡って南方からやってきた高床式建物につながるという考え方が根強く支持されている。そして今日の日本住宅に継承されている形式であると考えられている。床を備えた建物は、第2章2節で述べた船や漁村住宅の問題とともに考察を必要とする問題である。

さて寝殿造りの主屋は主人の生活の場であったが、絵巻物の中では主屋の一角を間仕切り、人びとが就寝している姿が比較的多く描かれている。間仕切りで囲われたその空間は、帳台構え《チョウダイカマ》、塗籠《ヌリゴメ》、曹司《ゾウシ》、納殿《オサメドノ》などとよばれ、いろいろな形式があった。共通している点は主人家族の寝室であるとともに大事なものを収納する場であったことである。

たとえば平安時代末（12世紀初め）に製作された『伴大納言絵詞』には帳台構えの図が描かれている。三方を障子と板戸で囲まれ、一方は帳《トバリ》が垂れるようになっている。帳は「屏障具」の一つで、室内の上部から垂れ下げ、隔ての具とする布帛《フハク》（織物・麻織物『字通』）である。主屋の一角にこのような部屋を作り寝室として使用したのである。この絵巻には、大納言とみられる男性が衾《フスマ》を寝具として使用し、寝ている姿が描かれている。

主屋には囲いのある空間として塗籠とよばれた部屋も作られていた。塗籠は周囲を壁で塗り籠められ

図21　帳台構えの図（『春日権現験記絵巻』〈模本〉部分
出典：ColBase〈https://colbase.nich.go.jp〉）

た部屋のことで、もっとも安全な部屋であったようである。しかし出入りが不便であったので、開閉ができる蔀戸《シトミド》（後述）を設置することで寝室や大事なものを収納する部屋として使用できるようにしている。曹司は主に子供たちが使用する部屋、納殿は大事なものを収蔵する部屋で、後者は後に多くの民家が設置した納戸の原型になったという（小川1973）。

以上みてきたように、寝殿造りの主屋はその一部を間仕切りで仕切り、部屋という空間を作り出している。外部と内部の間仕切りは壁で囲まれ、その一部に開き戸を開けて出入りするという形である。また内部の間仕切りは壁、帳、障子、板戸、蔀戸、屏風などであった。これらの間仕切りが建具の祖型であり、その後ゆるやかに進化を遂げていったと考えている。

(2) 蔀戸(蔀)

間仕切りとしての建具の進化は、町屋や一般住宅の普及に大きな役割を果たした。建具の進化をたどっていくには、その加工技術と建具としての機能を可能にする架構方法が問題になる。その代表的事例として蔀戸と明り障子をとりあげて考察してみたい。蔀戸は建具の祖型に近く、また明り障子は建具のもっとも進化した形として考えるからである。

絵巻物で見るかぎりでは、蔀戸は外部空間と内部空間を仕切る間仕切りとして使われる例が多い。その構造は木の桟や竹桟で縦横を密に組み上げた格子状の裏面、または両面に板を打ち付けたもので、上下2枚の戸を組み合わせて柱と柱の間に建て込んだものである。上の戸は外側にはねあげて蔀に取りつけた吊り金具を建物の軒に固定して支えた。下から棒状のもので支える方式もあった。

本稿では上に開く上部を蔀、下部を蔀格子、両方を合わせた状態を蔀戸とよぶことにする。蔀格子は取り外して間口を開放することができた。また固定されている場合と蔀格子の代わりに土壁や板壁で仕切ることもしていた(図22)。

なお蔀戸は寝殿造りのほかに寺社建築、中世以降に成立する書院造の建物にも使用されてきたことが知られ、とくに町屋建築においてはしっかり戸締りができること、また風雪の激しい地方の建具に適していたことから広く使われてきたという。以下『日本常民生活絵引』に描かれた絵巻とその解説を参考にして、蔀戸と蔀格子の使用状況と時代による推移をみていくことにする。

表4　絵巻物にみる蔀の状況

絵巻名	建物	蔀（上）・蔀格子（下）の状況	その他の建具等
当麻曼荼羅縁起 （12C初頭）	公家	蔀のみ、蔀の背後は御簾 蔀のみ、蔀の背後は明り障子	吊り金具、 衝立障子、畳敷
粉河寺縁起 （12C中期）	地方豪族 （油神人？）	突上げ窓 離れは一部畳敷	突上げ棒 板の間
信貴山縁起 （12C後半）	長者の家 町屋	蔀のみ、衝立障子 蔀のみ、下部は板壁、背後に暖簾	吊り金具 突上げ棒
北野天神縁起 （13C前期）	公家	蔀のみ、蔀の背後は簾	吊り金具 ゴザ状の畳
西行物語絵巻 （13C中期）	公家（武家？） 下級官吏	蔀のみ、背後は一部畳敷の部屋 蔀のみ、背後は一部畳敷の部屋	襖引違い戸 板扉、襖引違い戸
親鸞聖人絵伝 （13C末期）	僧院？	蔀格子のみ 背後は寝室	
一遍聖絵 （13C末期）	武家 町屋 仏堂	蔀のみ、蔀の背後は簾 蔀のみ、下部は板壁・網代壁 蔀と蔀格子、背後は明り障子	突上げ棒
春日権現験記 （14C初頭）	公家 僧院	蔀のみ（1間幅？） 蔀のみ（外された蔀格子？）	格子戸、襖引違い戸、 一部畳敷
法然上人絵伝 （14C前期）	土豪 武家	蔀のみ、背後は明り障子（腰付き） 蔀と蔀格子、背後は明り障子	畳敷 屏風、唐紙
石山寺縁起 （14C前期）	寺院 町屋	蔀のみ 蔀（突上げ窓）、下部は板壁	板敷、一部畳敷 吊り金具
慕帰絵詞 （14C中期）	民家 僧院 上級僧院	蔀（突上げ窓）、蔀の背後は簾 蔀、蔀の背後は簾、明り障子 蔀、蔀格子、蔀の背後は簾	支え棒（竹） 唐紙、吊り金具 畳敷き、吊り金具
洛中洛外図 （16C前～中期）	町屋 公家・武家	上部台格子、下部腰壁（土・板） 蔀と蔀格子、背後は簾、格子戸	土間、床板、筵 腰付き障子

上記絵巻のうちもっとも古いものは『当麻曼荼羅縁起』である。12世紀初頭（平安時代末期）の公家の住まいが描かれておりその中に蔀戸がみえる。この家は大臣級貴族の寝殿造りを想定したとされており、表の正面と裏側の私的な部分に蔀戸が描かれている。正面入り口の向拝階段を上がると広い回廊が続く。回廊と部屋の間仕切りとして蔀戸が設置され、その背後に明り障子が描かれている。この時代、上級貴族の間では正面入口に、蔀戸と明り障子が取り入れられていたことがうかがえる。

一方裏側の私的な部分にも蔀が描かれているが、その背後は明り障子ではなく御簾が巻き上げられている。日差しや風が強い時などは御簾を下げたようである。この時代明り障子は特権階級を象徴する建具であり、しかしながら私的な部分には使われていなかったことがうかがえる。

絵巻全般にわたって蔀戸の下部は描かれていない例が目立つが、『春日権現験記』には外したとみられる蔀格子が脇に置かれているので取り外しができることがわかる。また夜間ははねあげた蔀を下ろし、板戸などで戸締りをしているようである。

公家や武士、寺院関係の建物は、蔀は吊り金物で固定しているのに対して、12世紀中期の地方豪族の住まいに設置されている蔀は下から棒で突き上げて明りを取っている。一般の民家や町屋では14世紀中期においても突き上げ棒を使用しており、蔀戸の骨格は格子ではなく板を多用している例が多い。また蔀戸の下部は蔀格子ではなく、土壁や板壁、網代壁で囲われており階層の違いを感じさせる。

14世紀初頭（鎌倉時代後期）に描かれたとされる『春日権現験記』には、貴族と庶民の生活が描かれており、比較的正確に蔀戸が描写されている。これをみると蔀戸の幅は一間のものが多いようである。上部の横桟は4～6本、下部の横桟が7～11本ほどであった。また竪桟は上部、下部ともに24～26本ほどである。一般的に蔀（上部）よりも蔀格子（下部）の方が背が高く作られている。また民家や町屋の場合は突き上げ式が遅くまで使用されており、蔀戸自体も板材に桟を打ち付けた例が見える。細かな細工を必要とする格子を受け入れる条件が備わっていなかったことがうかがえる。

16世紀前期から中期に製作された『洛中洛外図（上杉本）』には、当時管領職であった細川氏の屋敷が描かれている。切妻の屋根が9棟も連なるという豪壮な邸宅であるが、その主屋の正面に三連の蔀戸が

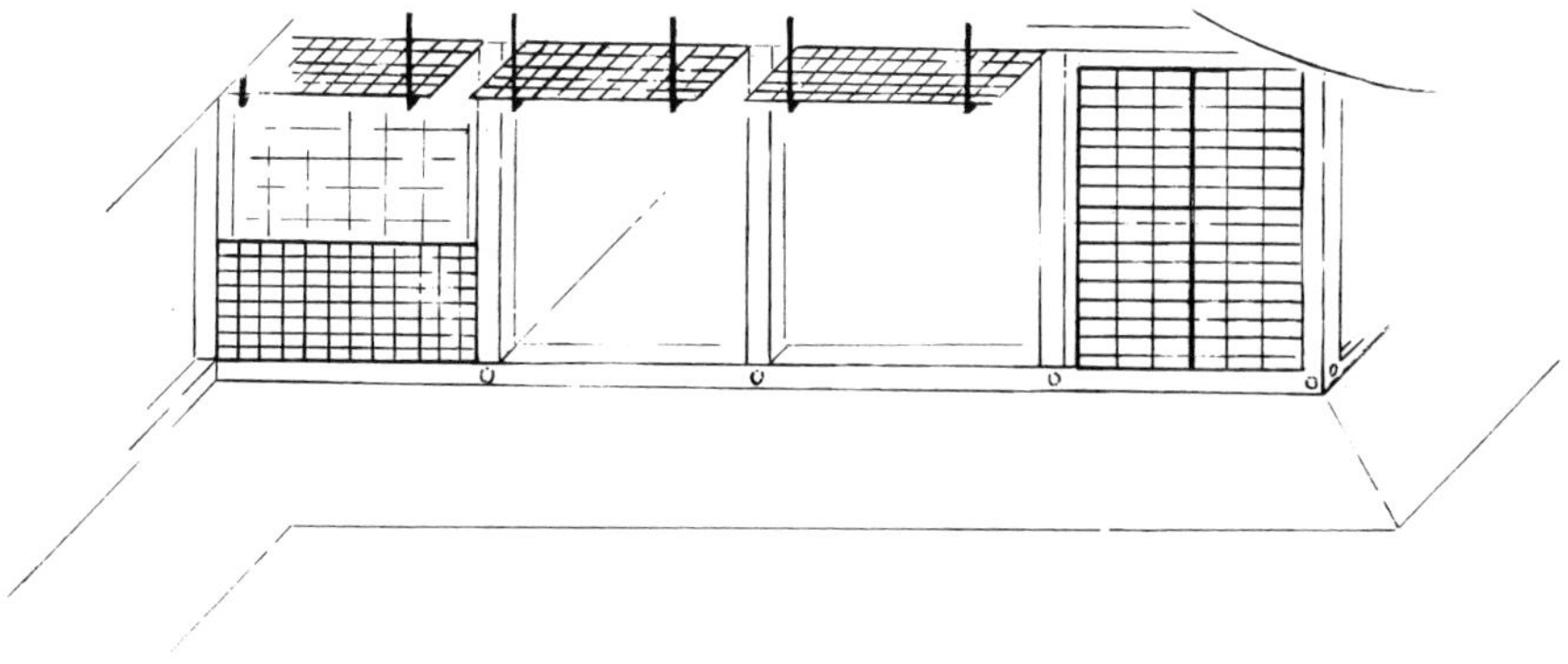

図22　武士の家の蔀と舞良戸（一遍聖絵）　作図／鈴木　雅

見える。そのほかの外部と内部を仕切る間仕切りは腰板障子（後述）と板戸であり、蔀戸が減少する傾向が推測できる。これに対して公家や武家の館、寺社には蔀戸らしきものが見られる。しかし第2章で述べたように、16世紀の町屋では突き上げ窓形式の蔀戸はすっかり姿を消し、その多くは台格子に変わっている。今日において蔀戸は寺社建築に残され建具としての伝統を保っている。

(3) 障子

障子はその文字が示すように、古くは人の動線や視線、光線などを遮るために使用されたものであったが、人が出入りできるように開き戸になり、さらに引き戸、そして引き違い戸へと進化していった。その理由の詳細はわからない。しかし、寄り合いなど人が集まる機会が増え、住まいに便利さを求めていったことの表れであり、このような生活の変化に指物と大工技術、そして道具の進化が支えてきたことが考えられる。

この時代の障子は細い木製の桟を縦横に組み、紙を幾重

柔らかな外光を取り入れる障子。写真は額入り障子

にも下張りした上に布を張ったものを衾《フスマ》障子、また布の代わりに紙を張ったものを唐紙障子といった。竪框《タテガマチ》、上桟、下桟（障子の四方を囲む枠）に漆を塗って装飾し、衾障子や唐紙障子には絵や文様を描いた。装飾的な間仕切りへ進化していった。

障子の基本的な構造は格子状に組んだ骨組みであり、蔀戸と共通する部分がある。大きく変わった点は桟がきわめて細く、かつ組手が緻密であり装飾的な建具として機能していること、明り障子に至っては閉めた状態であっても明りをとれるようにしたことであった。12世紀の寝殿造りのなかに明り障子が使われていたことは先に記したが、その後13世紀末から14世紀初頭には僧院に明り障子が確認でき、寺を中心に普及していったとみられる。

標準的な明り障子は上下の桟の両側に框をはめて四方枠とし、内部に細い桟を格子状に組んで和紙などを張ったものである。障子の全面に和紙を貼ったものと、下部に薄く枌《そ》いだ板（そぎいた）を用いたものがある。前者を水腰障子、後者を腰板障子とよんでいる。先の絵巻によると水腰

元来の布の代わりに紙を張った唐紙障子

障子は12世紀初頭の寝殿造りにみられるのに対して、腰板障子は14世紀前期の民家に登場する。

さらに大きな進展がみられたのは、容易に取り外しが可能な引き戸、引違い戸という機能が開発されたことであった。これにより建具が自由にそして簡単に開閉ができ、しかもいずれの建具も取り外すと大きな空間を演出できるようになった。畳の使用とともに、現代の和風住宅の基本形が形成されつつあることを感ずる。

引き戸や引違い戸を可能にしたのは敷居と鴨居との組み合わせであった。敷居の標準形は四寸角の建材を半割にしたもので、幅四寸（12㎝）、高さ二寸（6㎝）になる。また建具を開閉するための溝の幅は七分（21㎜）として、引違い戸の場合2本の溝が必要である。そして畔（溝と溝の間）は四分（12㎜）として、戸と戸の間を一分（3㎜）に保つようにする。戸の開閉をなめらかにするためである。この形式を「四・七の溝」という。溝の深さは6〜9㎜が標準になっている（佐藤1979）（図23）。

一方、明り障子用の標準的な鴨居は「五・六の溝」と

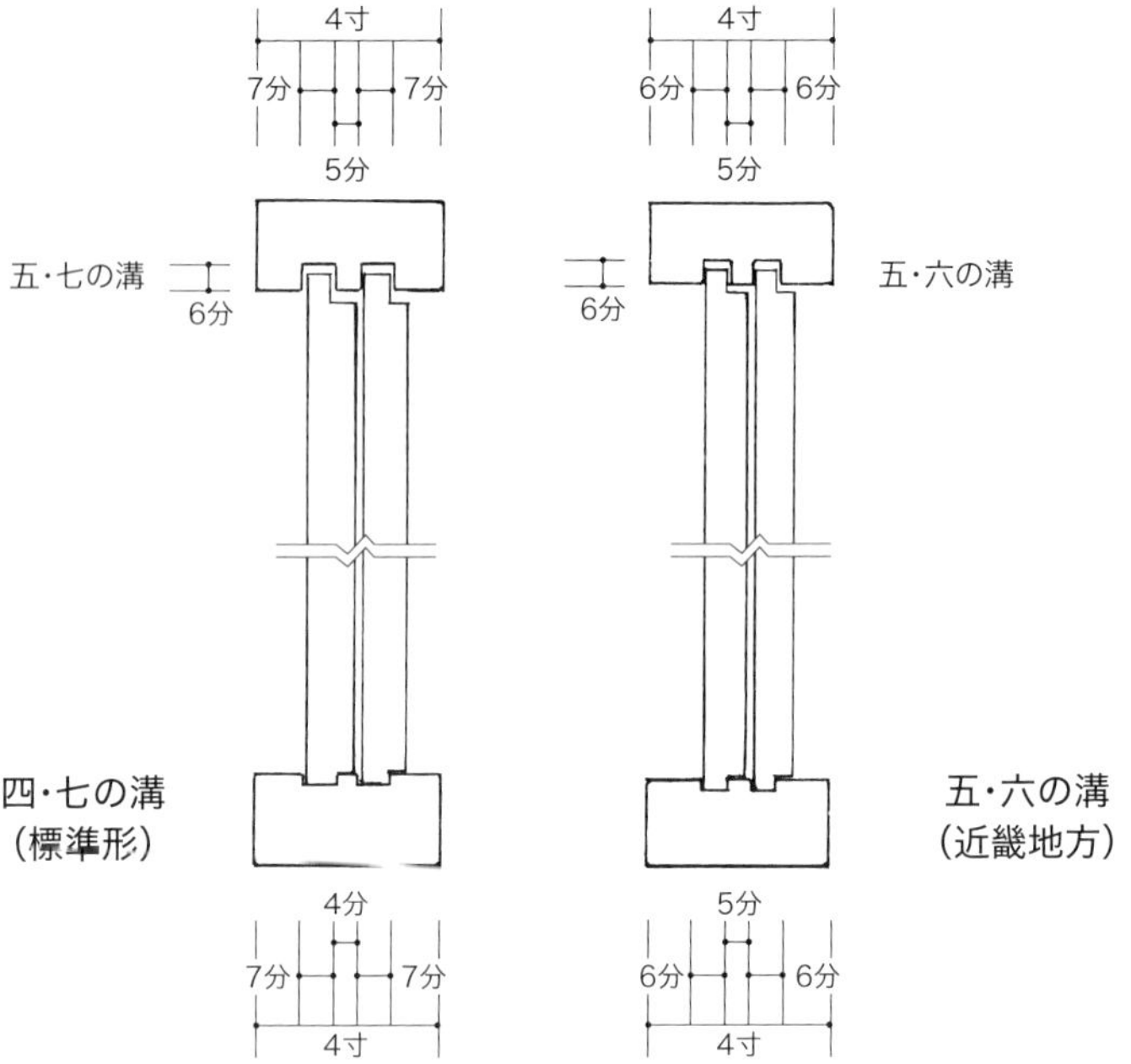

図23　明り障子の鴨居と敷居

「五・七の溝」がある。敷居と異なるのは、鴨居の脊（高さ）は柱の寸法の0・45または0・46倍にする点であり、12㎝角の柱であれば5㎝4㎜または5㎝5㎜になる。また鴨居の幅は柱の幅よりも多少狭くして柱の散《チ》りを見せる。和室を構成する化粧材としてのバランスを考えてのことであろう（図33）。

溝の深さは六分（1㎝8㎜）を標準としており敷居よりも深い。通常建具は一度鴨居の溝の奥まで持ち上げ、敷居の溝に落とすようにして入れるので、鴨居の溝の上部にのび（空間）が必要であった。

なお敷居と鴨居の工作は建具の上桟と下桟の幅、また明り障子、襖、ガラス戸など、建具の寸法によってその都度変わる。また地域によっても異なる例がある。たとえば関西の敷居には「五・六の溝」とする方法があった。畔の幅を五分にして、内樋端の幅を六分にしたものである。畔の幅が狭くなるのでより軽量な建具を用いるときにこの方法がとられた（西大寺ほか２０１４）。

一般には鴨居はスギ材を用い、敷居は摩擦が大きいのでマツ材を使用することが多い。敷居にスギ材を使う場合は磨滅を防ぐために薄く裂いたサクラ材を溝に敷く。また建具を安定して使用するために、鴨居、敷居と柱との接合（仕口）にも十分な工夫が凝らされている。明り障子を含めた建具の製作、鴨居と敷居等の造作にミリ単位の計算が必要であり、その数値に合わせて加工する技術と手入れのいきとどいた道具が整うことによってはじめて可能になることを教えられる。

5　建材の加工と工具

(1) 木工の伝統

『当麻曼荼羅縁起』の時代（12世紀初頭）以前に、細い建材を作り出す技術はすでにあったことを絵巻物は示している。蔀の格子を構成する桟の太さは、３～４㎝角ほどのものが多いように見受けられる。しかしこの時代は大鋸《オガ》（縦挽鋸）も台鉋《ダイガンナ》（後述）もその存在は明らかではないので、建材の加工は割る、裂く、削る、掘る、そして横挽鋸で挽くという加工法がとられたであろう。

しかしながら板材に関しては比較的薄い板が使用されたのではないかとみられる。少なくとも厚みが

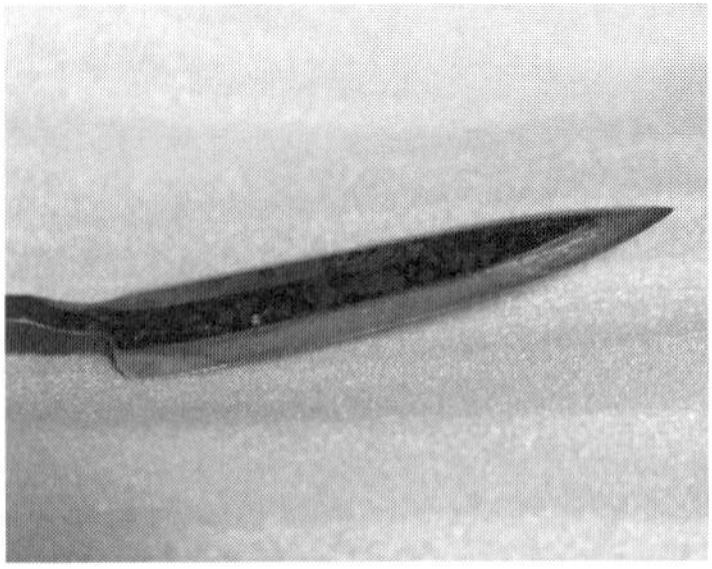

槍鉋の刃先

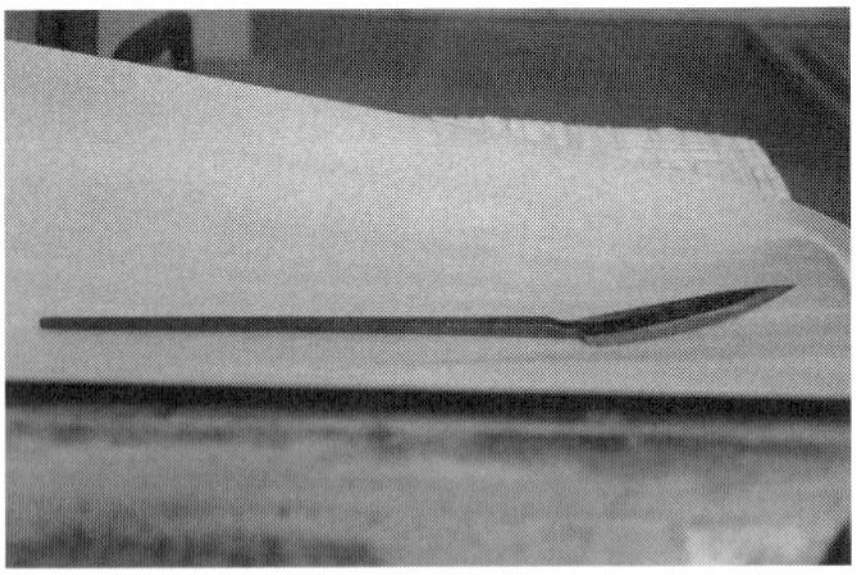

槍鉋
台鉋導入以前に使用された槍鉋。宮大工の必需品である

一寸（3㎝）以上の板は蔀や板戸の開閉に大きな負担がかかる。素性のいい針葉樹であれば薄い板の加工はさほど難しくない。たとえば3㎝厚の板を中央で割ると1㎝5㎜厚になり、さらにその半分の厚みに割ることで薄い板を作ることができる。割るのに使われたのはナタ状、もしくは包丁状の刃物と槌であろう。また表面を滑らかにするために槍鉋《ヤリガンナ》を用いたことが『春日権現験記』や『石山寺縁起絵巻』などに描かれている。

宮大工の経験を積んでこられた内藤孝人氏の話によると、槍鉋には刃が大きくカーブしているものと緩やかなものとがあり、前者は削った跡が建材に残るが後者は比較的平らに仕上げることができるという。また槍鉋は台鉋よりも木材の繊維をつぶすことが少ないので、長い間木の光沢を残し丈夫さを保つことができるという。台鉋の出現は作業のスピード化を果たした一方、本来の建材の特徴を消すことにもなっていたのである。

薄い板を加工する技術は古い時代から存在した。薄く裂いた板を熱湯に浸して曲げ、桜の皮で縫い、底板と蓋をつけた容器が曲物であるが、この容器は佐賀県の菜畑遺跡（弥生時代中期）、四箇周辺遺跡（福岡市）、上東遺跡（岡山県）などから出土している。また平城京跡、藤

図24　槍鉋の図（石山寺縁起絵巻模本　部分　東京国立博物館蔵 Image:TNM Image Archives）

原京跡、平安京跡から井戸枠などの大型の曲げ物が出土している。その後中世に結い桶が出現するまで曲物は日常的に使用されてきた主要な容器であった。

建材の加工技術を示す歴史資料はさらに古く、桜町遺跡（富山県）や青谷上寺地遺跡（鳥取県）などの縄文・弥生時代の遺跡からおびただしい数が出土するようになった。縄文時代中期末から後期初頭にかけての遺跡である桜町遺跡からは、貫穴《ヌキアナ》と桟穴《エツリアナ》の加工材、渡腮《ワタリアゴ》といった仕口を残した材が出土している。弥生時代の遺跡である青谷上寺地遺跡から出土した建材はさらに洗練されたものになっている。建材の原型はかなり古くまでさかのぼることが可能になっているのである（桜町遺跡２０００、青谷上寺地遺跡２００８）。

（2）大鋸《オガ》の登場

大工道具の中で使用頻度が高く、種類が多いのがノコギリ、ノミ、カンナ、キリであった。ノコギリは木材の繊維を直角に挽く横挽き用と、木材の繊維と平行して挽く縦挽き用があり、さらに大型と小型に分けられる。大型の縦挽き用を大鋸といい、大型の横挽き用は台切大鋸《ダイキリオガ》という。いずれも２人で挽くノコギリであった。

板材や角材などの建材を製作するにあたり大きな変革をもたらしたのは、縦挽きの大鋸の登場であった。大鋸は室町時代中期に大陸の明国から渡来したと伝えられている。この大鋸の大陸渡来説に対して鋸鍛冶師の吉川金次氏は、大鋸と同じ型の刃を持った鋸が古墳時代に出土していることから日本にも古くからこの種の鋸は存在していたが、何らかの事情があって改良が進まなかったのではないか、という意見を持っておられる（吉川１９７６）。

二人挽大鋸は二人が向かい合って挽くノコギリである。Ｈ字形の木枠の一端に鋸身を取り付け、もう一端には糸を張る。この糸を強く張ることで反対側の鋸身を緊張させる。二人挽きなので、鋸刃の角度は中央部を境にして挽く側が内に反るように分かれている。中国や朝鮮半島では、枠があることから框鋸《カマチノコギリ》とよんでいるという。

『和漢三才図会』に描かれた大鋸の長さは約六尺（１ｍ80㎝～２ｍ）、枠の幅は一尺一寸（約33㎝）、鋸身の幅は５㎝ほどと推測する。明応３（１４９４）年に32種の職人を描いたとされる『三十二番職人歌合』には、大鋸で板材を挽く様子が描かれている。材を斜めに立て、一人は材の上に乗って材に打った墨に沿って大鋸を挽き、もう一人は材の下から挽いている姿である。

筆者の勝手な推測であるが、材の上で挽いている者は墨に沿って正確に挽くこと、そして材の下で挽いている者は、上の者の指図を仰ぎながら上の者の負担を軽くして、効率よく挽くことに努めているのではないか。二人で挽くことにより正確に、そして安定して挽くことができたとみられる。このノコギリの枠は竹製であった。

旧岡本家で使用していた板戸は廊下側の面が帯戸で和室側の面は襖であった。保存のために襖の紙を外したところ、板の裏面には大鋸で挽いた跡が残っていた。板戸の厚さは約６㎜であり、建具師の馬場

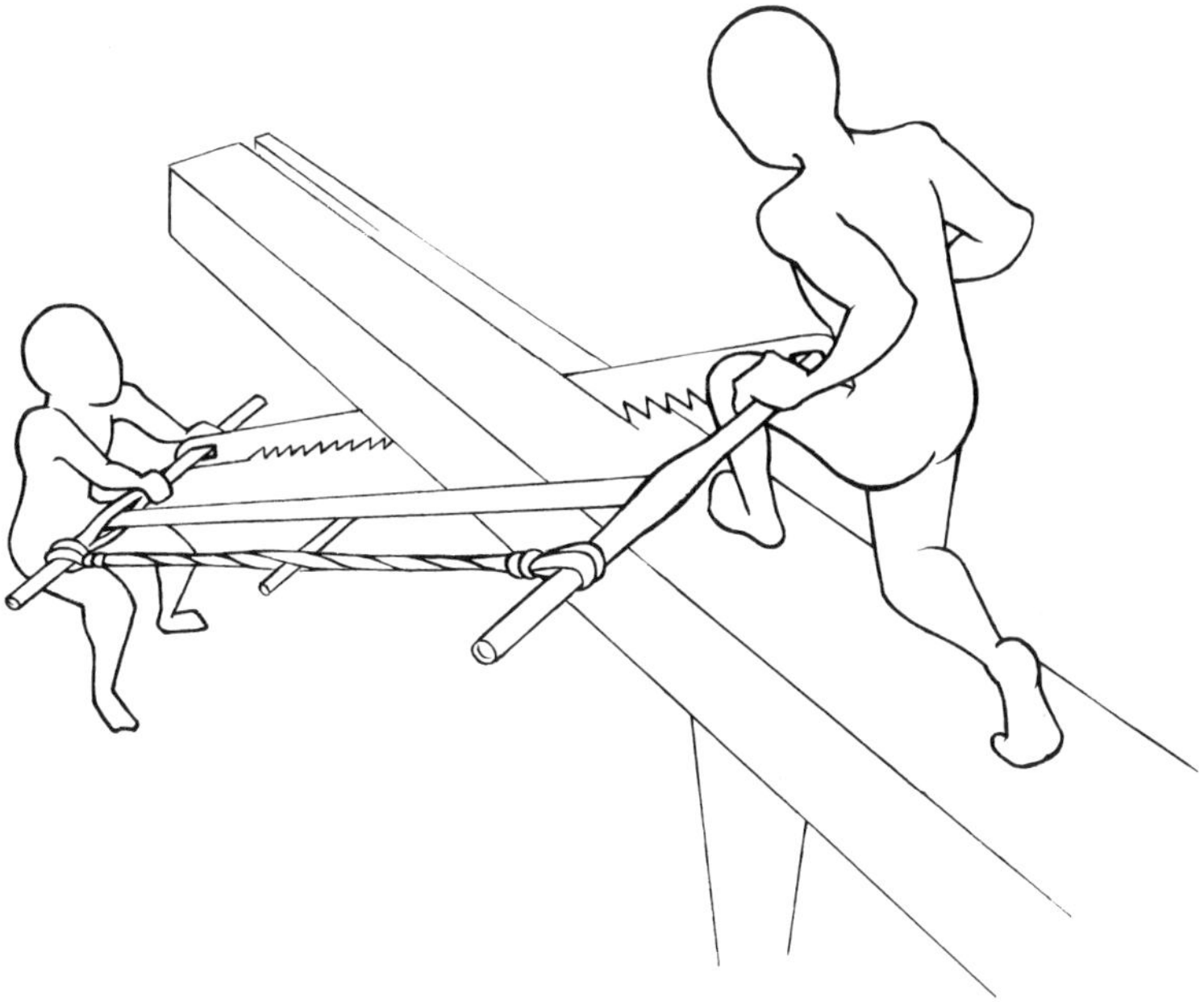

図25　二人挽大鋸　　　作図／鈴木　雅

良雄氏によると、二人挽きの大鋸で時間をかけて慎重に挽いたのではないかという。前挽大鋸によれば6㎜ほどの厚さまで材を挽くことができるという貴重な事例であった。

大鋸が導入される前の製材は「割る」という作業が主であったから、格子や建具などに用いる細い材の加工はより正確さを必要とするので無駄が多く生ずることになる。しかも大鋸によって木材を縦に挽くことができるようになったことで、建築用材としてスギ、ヒノキなどの針葉樹のほかにマツやクリなどの材を使用できるようになり、建材の利用が大きく広がったのである。

その後近世初期の頃といわれているが、一人で挽く大鋸が登場しさらに効率よく製材することが可能になった。このノコギリはクジラのような形をしたもので前挽大鋸とよばれた。『和漢三才図会』の前挽大鋸は「長さ二

板戸の裏側に大鋸の跡がみえる

旧岡本家で使用していた板戸の裏面

大鋸の登場によってスギ・ヒノキ以外の材が建材として使用された

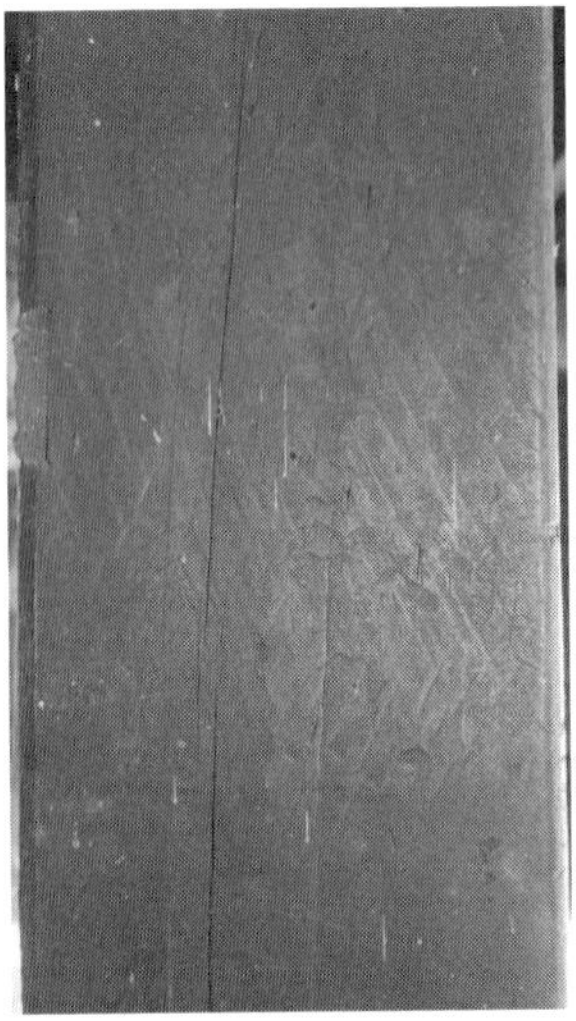

民家の大黒柱。表面に大鋸の跡がみえる

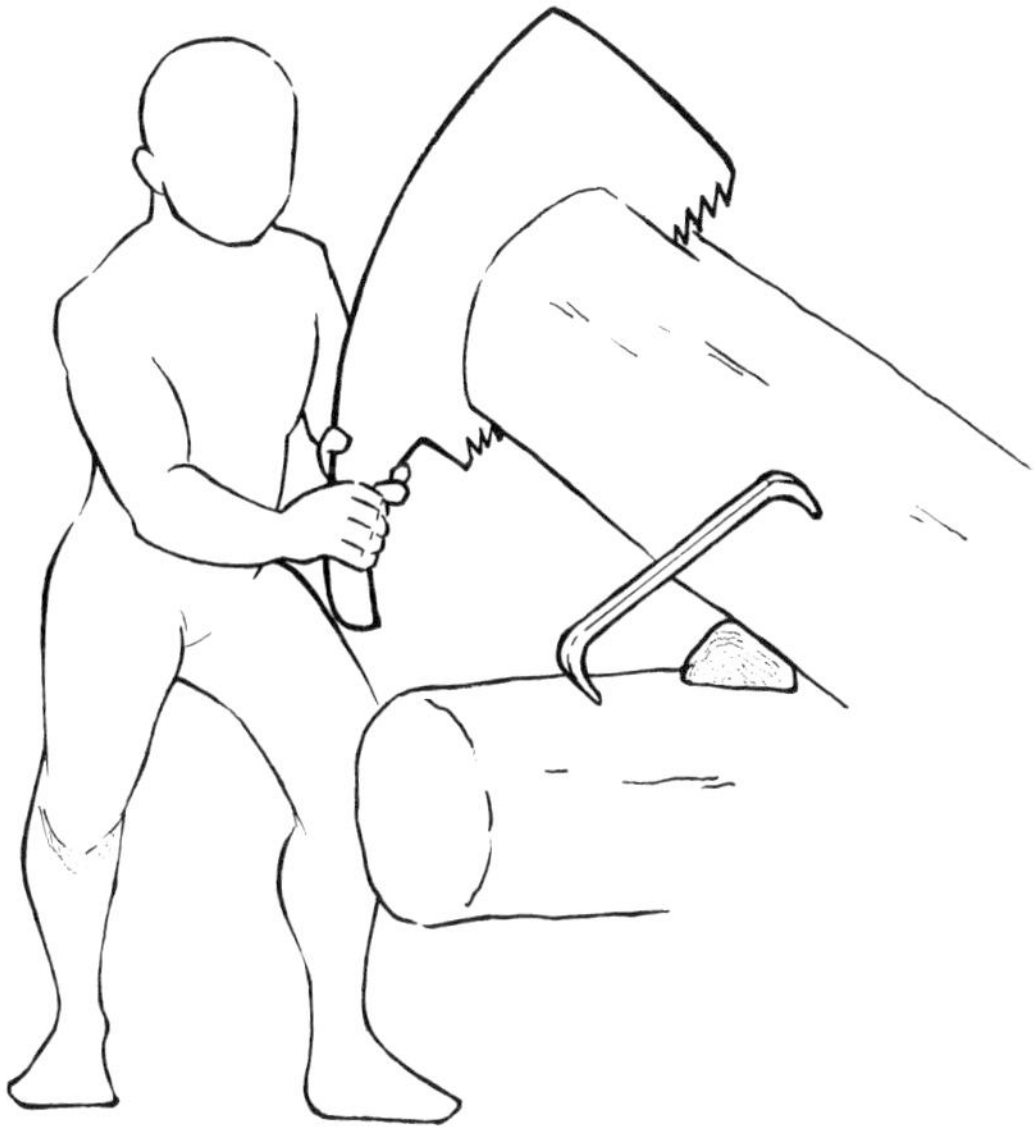

図26　前挽大鋸で板を挽く　　作図／鈴木　雅

尺（約60㎝）、闊《ひろ》さ一尺（約30㎝）、歯はみな前をむき、柄は屈んでいて、竪に大木を引いて板をつくる」とある。

前挽大鋸は「前挽」とあるように玉切りした丸太を真正面にみながら一人で挽くノコギリで、正確さと安定性を高めるためにノコギリの幅を広くとり、柄は短く下に向くように作られている。後に改良が繰り返され、頭の方の幅を広くとり徐々に狭めていくという形に変わっていく。ノコギリは挽き下ろすことでより力が加わるので、柄は短くして下向きに取り付けているのである。材木の状況によって立って挽く場合と座って挽く場合とがあった。

これに対して台切大鋸という横挽きの大型ノコギリがある。原木の伐採、玉切り等に使うノコギリで、長さは二尺二寸（約67㎝）、幅一尺（約30㎝）ほど（『和漢三才図絵』）

による と両端に柄がついている。原木を中央におき、両側に分かれて二人で挽くノコギリである。このほかに伐採、玉切り用として手曲《テマガリ》鋸という一人挽きのノコギリがあるが、太い原木の伐採は主に伐採用ヨキを使うことが多く、台切大鋸と手曲鋸は玉切りや間伐の際に使用したとみられる。

(3) ノコギリの使い分け

大型のノコギリに対して小型のノコギリは建材や建具の加工用として使用する。歯は粗いものから細かいものまで数十種を数える。たとえば鋸身の長さが一尺、九寸、八寸、七寸の4本を比較すると、長さが短くなるにしたがって徐々に刃が細かくなっていく。建材の大小、厚薄によって使い分けるのである。このほかに鴨居や敷居の畔（溝）を挽く畔挽《アゼビキ》鋸、曲線を挽くのに使用する挽回鋸、鋸身が薄い胴付鋸、柄《ホゾ》を挽く柄鋸など、用途に応じて使い分けられてきた。

畔挽鋸は横挽き歯と縦挽き歯の両刃を備えたノコギリで、鋸身は短く湾曲している。多くのノコギリの先端は刃がついていないが、畔挽鋸は先端まで刃がついているのが特徴で、どこからでも挽き始めることが可能である。首が長く柄も長いものを用いる。敷居と鴨居の溝のほか、細かな細工を必要とするときに使用するノコギリである。

挽回し鋸は曲線挽きのほか切り抜きに用いるため穴挽鋸ともよばれている。鋸身が先端に向かって細く薄くなったノコギリである。このノコギリは竹、円形の窓、鍋蓋などを挽く際に用いられた。

建築材の柄《ホゾ》を挽くノコギリは柄鋸である。柄は材と材を接合するために一方の端に作った突起のことで、突起の根本まわりの平面部を胴付きという。この胴付きの部分を挽くノコギリが胴付鋸である。

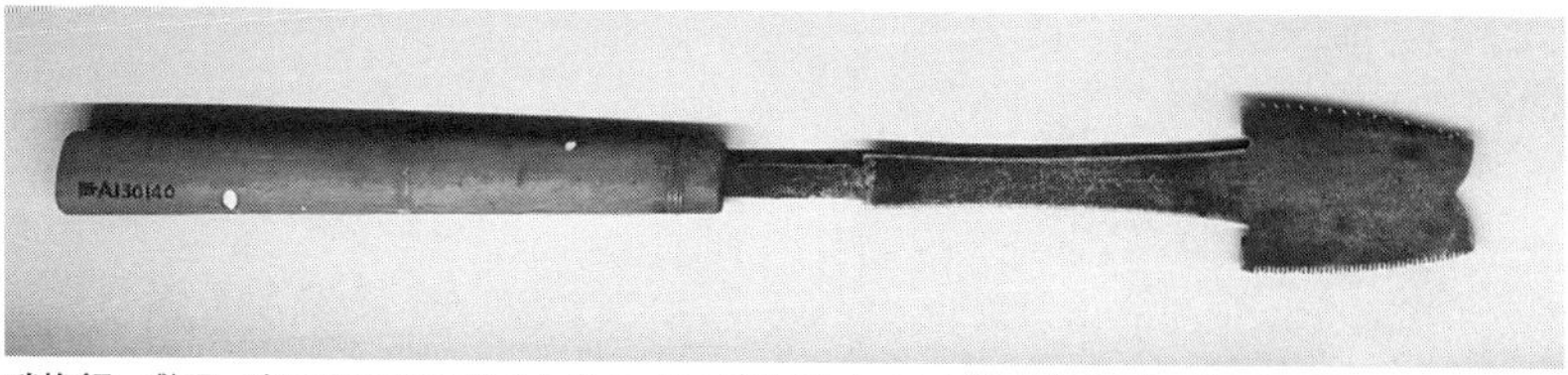

畔挽鋸　敷居、鴨居等の溝を挽くためのノコギリ（竹中大工道具館展示物・著者撮影）

図27　横挽鋸の歯と縦挽鋸の歯

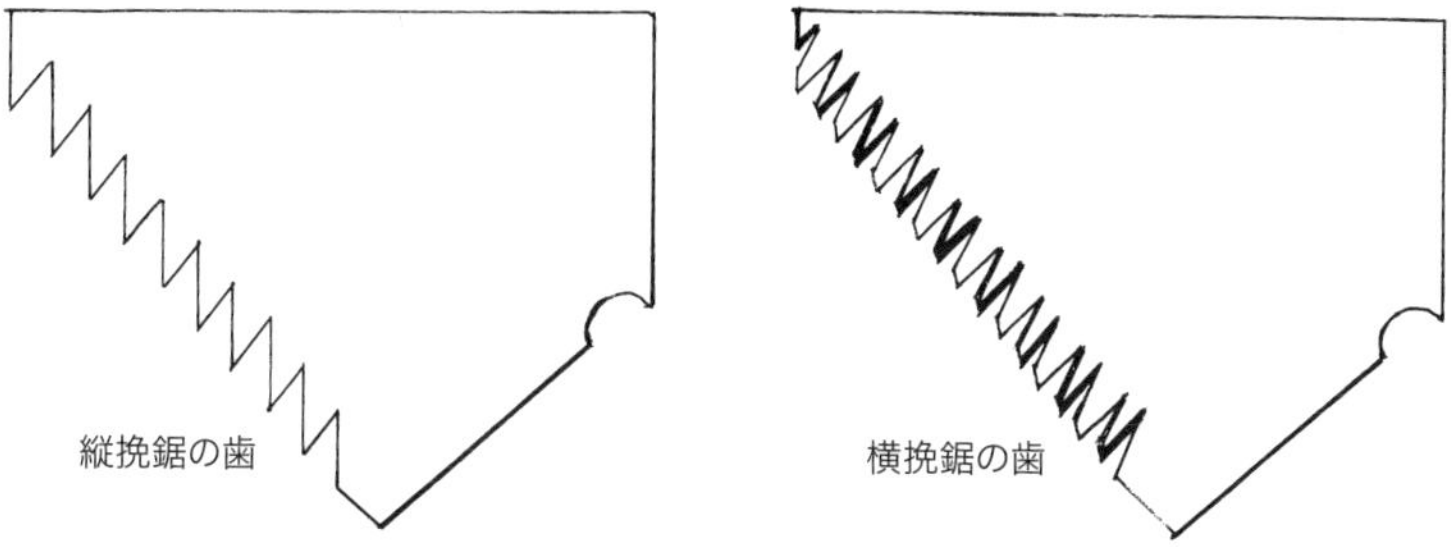

『和漢三才図絵』は正徳2（1712）年前後の刊行とされているが、この時代は胴付鋸と柄鋸が使い分けられていることが記されている。前者は横挽き、後者は縦挽きのノコギリである。

なお先の内藤氏は、胴付鋸は化粧材の仕上げに使用していた。ノコギリの本体は非常に薄く造られており、柄をもって鋸身を左右に振るとよくしなる。そのためノコギリの背に胴（支えのための縁）をはめて薄刃の鋸身を支えている。胴付鋸を使うことによって繊細な化粧材の仕上げが可能であり、主として角度をつけて建材を挽く際に使用していた。

また『和漢三才図絵』に「根《ネ》隅《スミ》鉤《カガリ》」という名のノコギリが載っている。このノコギリは小型の縦挽ノコギリで、主に柄を挽くノコギリであったようである。同書には「小さくて長さ七寸ばかり、頭の四角になっているもので梱の溝を彫る」とある。梱《トジギミ》は敷居のことである。

胴付鋸
鋸身が薄いので背に鋸身を支える縁をつけている

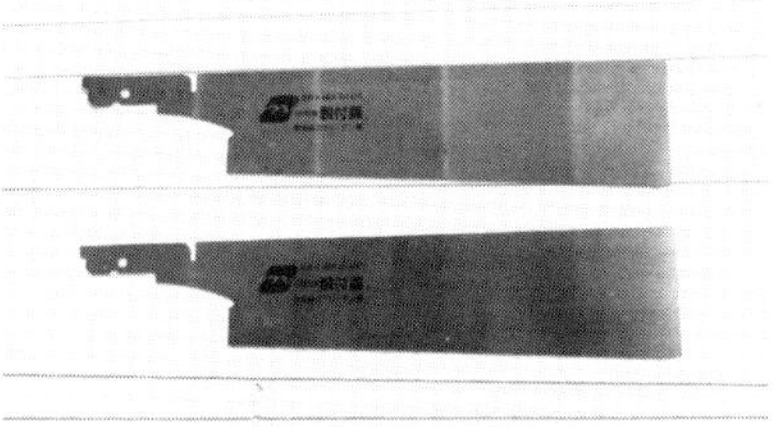

縁のない胴付鋸
棟梁は材に角度をつけるときに使用した

横挽鋸
仕口(目違い木留め)の制作に使用

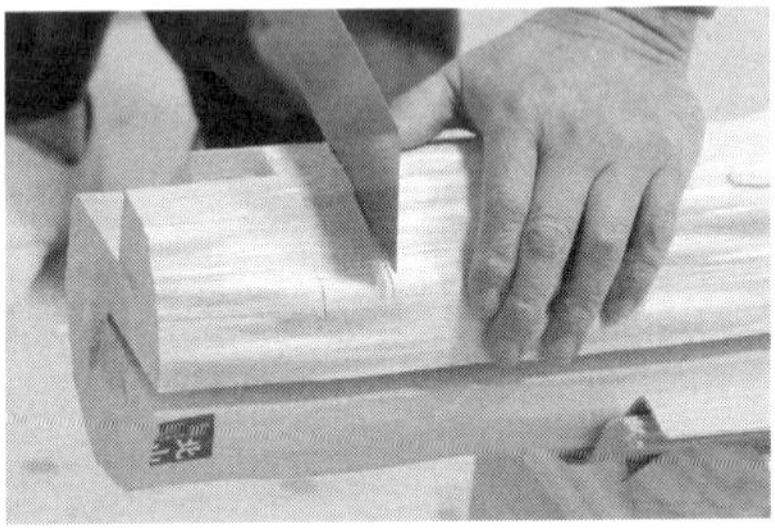

横挽鋸
床柱の加工に使用

両刃鋸
縦挽と横挽を具えている。写真は縦挽を使用

両刃鋸
仕口(目違い本留め)の制作に使用

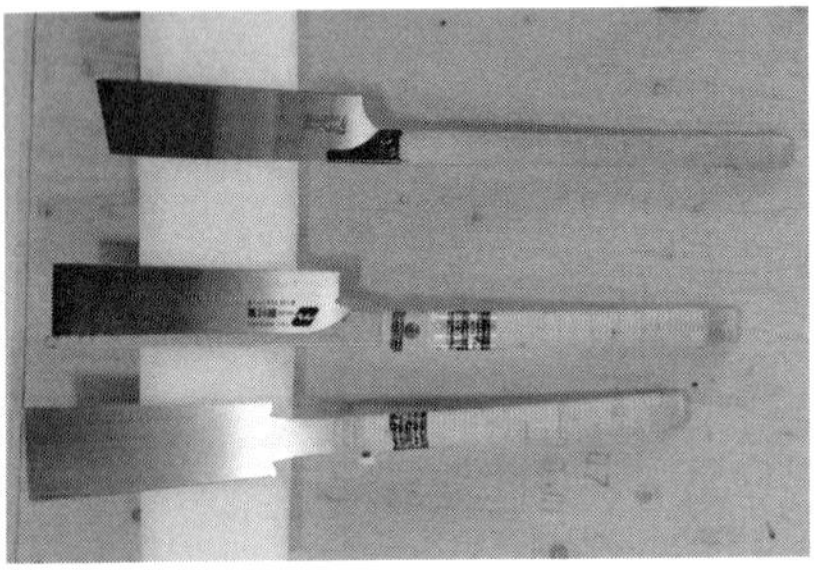

上から横挽、胴付、両刃の各ノコギリ

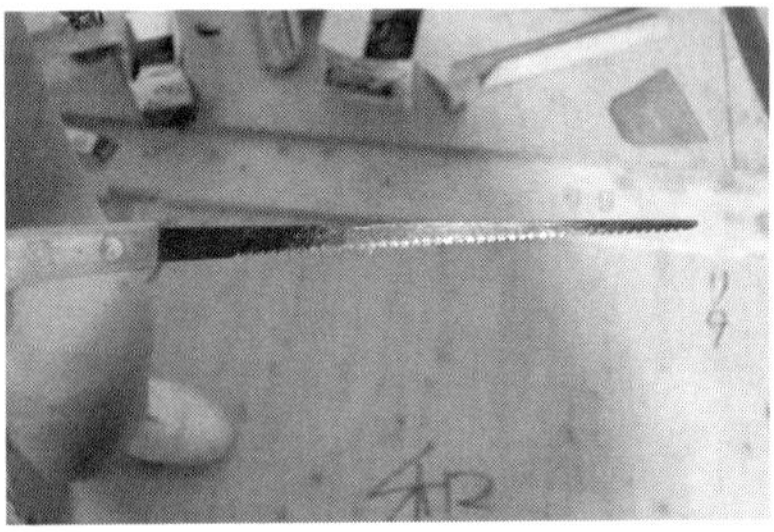

挽回鋸
円形などを自在に挽くことができる

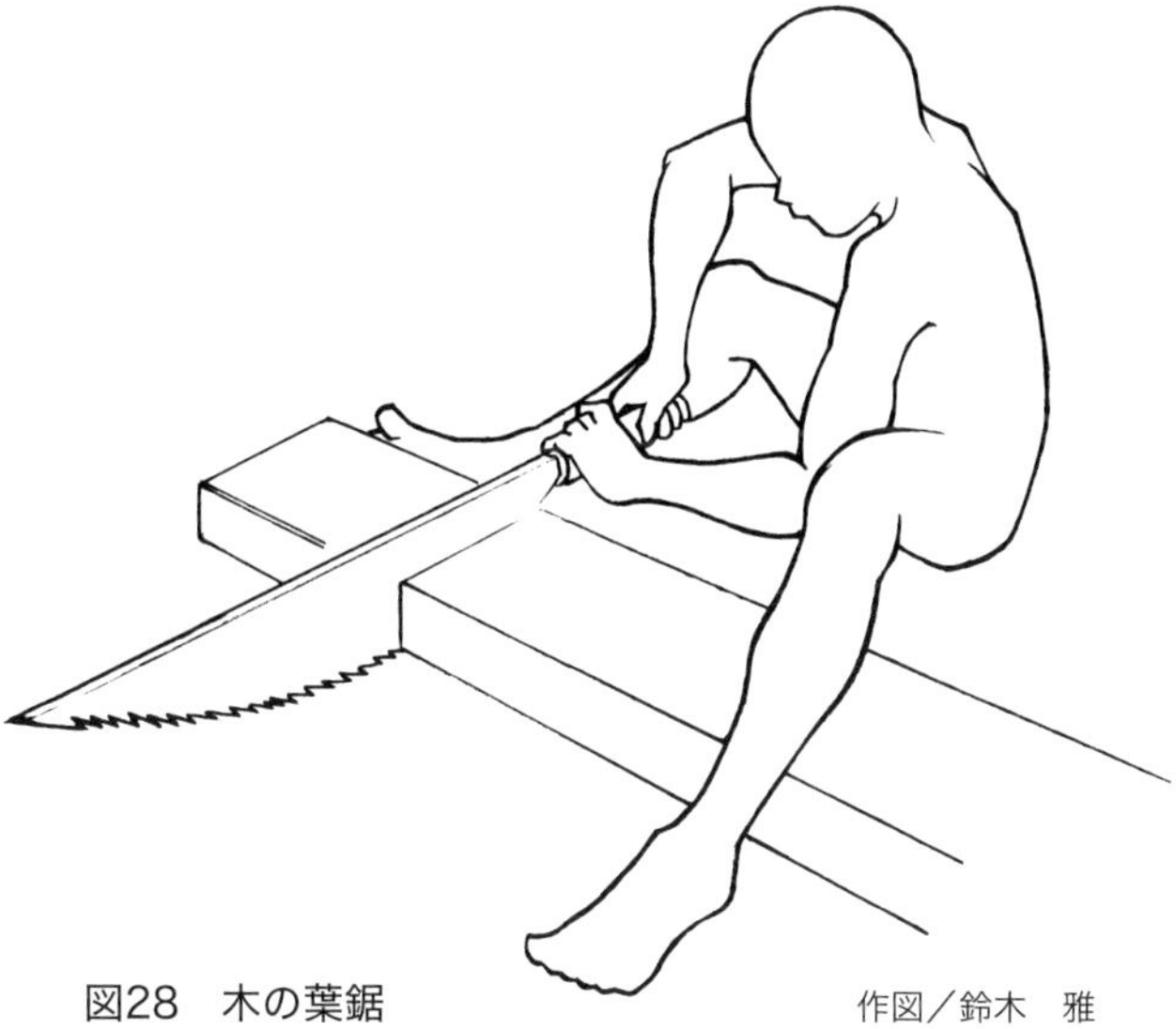

図28　木の葉鋸

作図／鈴木　雅

木の葉鋸は横挽きのノコギリで『和漢三才図絵』には舟鋸とあり、造船大工が用いると記されている。当麻曼荼羅縁起（12世紀初頭）、石山寺縁起（14世紀前期）にこの型のノコギリが描かれていることから古くから使用されていた。いずれも家大工とみられる職人が使用している。

根隅鉤と同じ使い方をしていたのが畔挽鋸で、その形態も類似している。先に述べたように、主に敷居や鴨居の溝を挽くために使用され、横挽きと縦挽きを具えた両刃鋸で刃先まで刃がついているのが大きな特徴である。18世紀の前期には枘や敷居の溝を挽く専門のノコギリが登場しており、用途がより専門化していたことがうかがえる。

(4) 台鉋

大鋸の出現によって角材や板材を正確に製作することが可能になった。しかし加工材の表面はノコギリの刃の痕がついていて多少の凹凸が表れる。そこで表面にカンナをかけることにより滑らかに仕上げていく作業が必要になった。大鋸で製材した材の仕上げには台鉋が使われた。このカンナはカシやケヤキなど堅木で作った鉋台に鉋刃を仕込んだもので、刃の角度を一定に保ち、木部の表面を滑らかにする工具である。

手斧には刃が湾曲したものと平らなものがある。前者は器類の中を掘るために使用され、後者は器の外側や板材を整形するために使用された。槍鉋、台鉋と共に材の整形に用いる工具である。

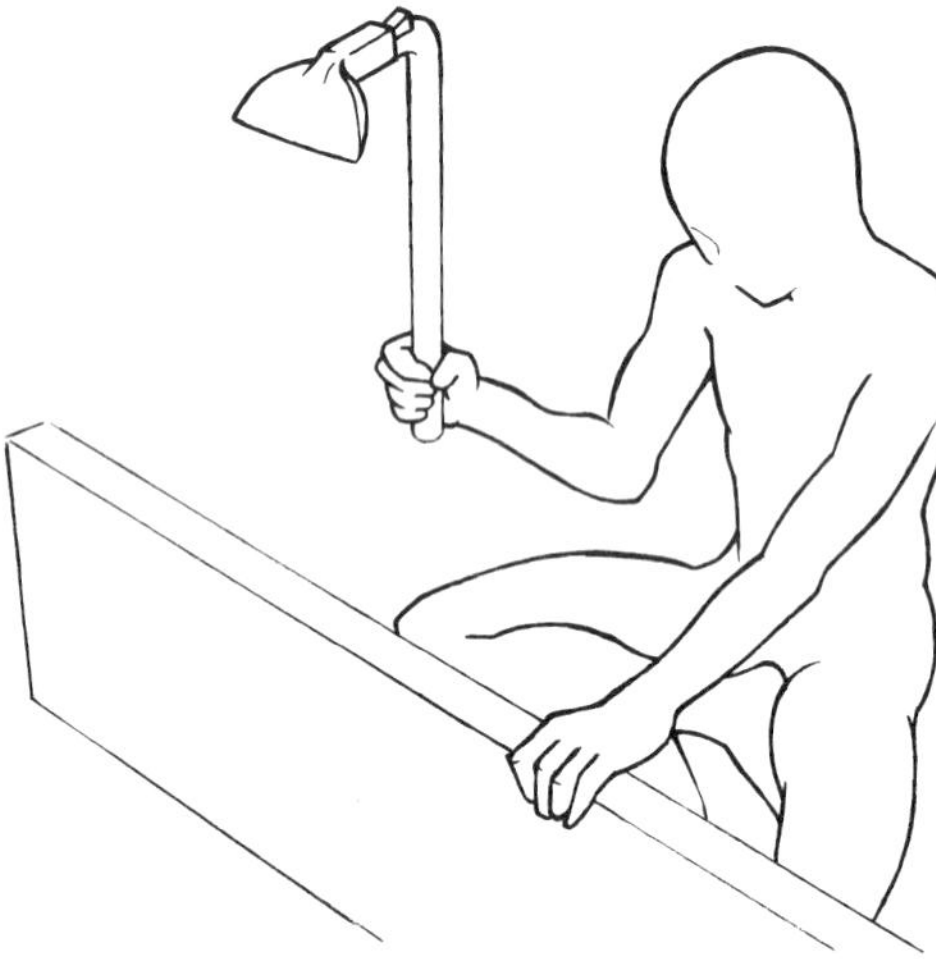

図29　平手斧で板を整形する　作図／鈴木　雅

台鉋の導入に関してははっきりしたことはわからない。大鋸で製材した材の仕上げに必要なカンナであることから、大鋸の導入からさほど時間を経ずに導入されたのではないか、という説が唱えられているが確かな年代は確定できていないようである。

木材を割って製作していた時代は先に述べた槍鉋《ヤリガンナ》という刃物を使っていた。槍鉋の祖型になるものは弥生時代中期から後期にかけて出土しているので、この種の工具は古くから木工の伝統の一端を担っていたことがわかる。木材を割ることによって建材を得ていた時代は材の表面の凹凸が顕著であったので、槍鉋は仕上げのための有効な工具であった。今日においても文化財に指定された建物において、槍鉋で整形した跡を見つけることは可能である。このほか整形用工具として平手斧《ヒラチョーナ》がある（図29）。

台鉋の導入、普及によって建築材の加工がさらに繊細に、また迅速に行われるようになった。『和漢三才図会』には台鉋は鉋《ツキガンナ》という名称で記されている。同書には「木を正す道具である」「古（むかし）はただ槍鐁だけを用いていた。およそ百年余ほど前から初めて突鐁《ツキガンナ》を用いるようになった。（中略）槍鐁《ヤリガンナ》にくらべるとたいへん捷《はや》くかつ精密に仕上がる」と記されている。

『和漢三才図会』は正徳2（1712）年前後の刊行とされているので、その説にしたがえば台鉋の導入は江戸時代初期ということになる。

さらに同書には「そのつくりは樫の木を長さ六、七寸にし、形は硯のようにして細い溝孔を穿ち、斜めに平刀を嵌めて、推して木を削る」とある。この当時は台鉋を押して使う形であったようである。大陸から伝来した当初の方式を継承していたのだろうか。いつ頃から引く台鉋の形に変化したのか、今日日本で使用されている工具類は、ノコギリ、カンナなどをはじめとして、手前に引いて使用する工具が多いことを考えると興味深い問題である。

ノコギリと同様、カンナも多くの種類があった。鴨居や敷居の溝を掘るカンナを底取鉋という。溝の幅に沿って罫引《ケビキ》で線を引き、次に罫引の線がはっきり見えるように墨を打ち、溝の幅に合わせた刃をカンナに取り付けて削っていく。このようなカンナの刃は工作に必要な幅や深さに応じて大工自身が鍛冶屋に注文して作るものであり、したがってこの種のカンナだけでも数えきれないほどの数がそろうことになる。ちなみに台鉋の台は、大工自身が加工していたという。いかに堅い木であっても使用しているうちにへこんでくる。底の面が水平でなければ正確に削ることができないので、鉋台を水平にするカンナも大工の必需品であった。

大工道具の手入れは大工自身が行う。写真は台鉋の台を水平に修正するためにカンナを使う

台鉋。槍鉋以降に使用されてきたカンナ

台鉋の台は水平でないと美しく仕上げることができない

隅を仕上げるカンナ

溝を作る溝鉋。脇取鉋・底取鉋ともいう

また『和漢三才図会』には円鉋《マルガンナ》と正直鉋《ショウジキガンナ》が紹介されている。丸鉋は刃が湾曲しているカンナで、刃が凹型のものと凸型のものがあり、凹型は棒状のものを削る際に、凸型は丸い溝を掘る際に使用する。このほかに板戸や敷居の溝などを削る際に使用した円鉋があった。

建築関係ではないが、正直鉋も木製品加工に大きな変革をもたらした工具であった。正直鉋は台鉋を裏返しにした形の大型のカンナで、台の長さが三尺（90㎝余）から四尺（1ｍ20㎝余）ほどになる。このカンナは加工する板の側面を台の上に乗せ、その板を押して使用するもので主に桶職人と樽職人が使用したカンナである。桶は何枚もの側板を合わせて円形を作り、底板を入れた後に竹の箍《タガ》で締めて製作した容器であるが、板と板の側面を合わせる際に隙間が空いていると中の液体が漏ってしまう。そこで側板がきちんと密着するように仕上げるのが正直鉋であった。このカンナの出現により直径六尺あまりもある大型の桶の製作が可能になり、酒、醤油、味噌などを大量に生産することが可能になった。

近世に入ると多種多様なカンナが出現し、戸障子や格子戸、指物などの製作にも使用され、それに伴い町屋の外観はより豊かなものになっていったのである。

(5) ノミ

台鉋とともに大工道具の中でよく使われてきた工具にノミがある。柄穴や敷居、鴨居などの畔（溝）を掘り、また仕上げをするための工具である。木造建築の構造材、内装材の継手や仕口は多種多様であることから、ノミを使う場面が多くなる。造作に頻繁に使用するノミは大入鑿であり、刃先が一分（3㎜）から一寸四分（42㎜）幅まで10種類が1セットになっている。細部を丁寧に工作できるため、ノコギリやカンナでは届かない部分の仕上げにも使われる工具である。

ノミは叩鑿《タタキノミ》、大入鑿のほか、突鑿、丸鑿、鐔《ツバ》鑿、掻出《カキダシ》鑿、蟻鑿、鏝《コテ》鑿などの種類があり、その用途と形態の違いにより120種余を数えるという。家を建てるためには構造材の構築と繊細な内部の造作を必要としたからである。

ノミの種類は時代が下るにつれて増えていくのであるが、その理由は、建築工法が進化、高度化し、

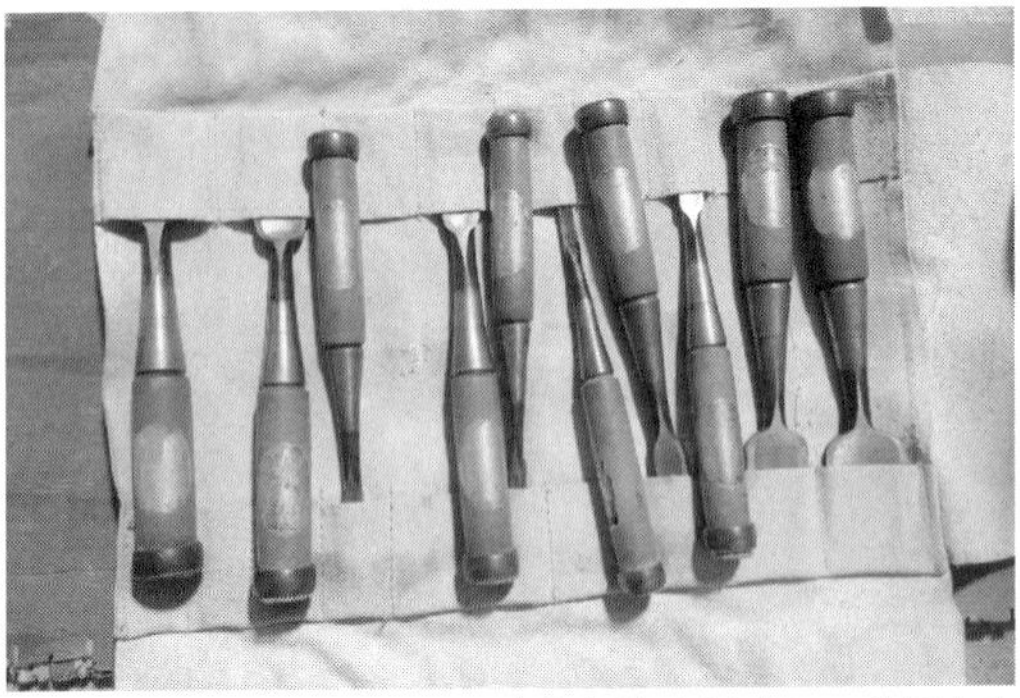
叩鑿。柄尻に冠がついたノミ。玄能などで頭を打って使用する

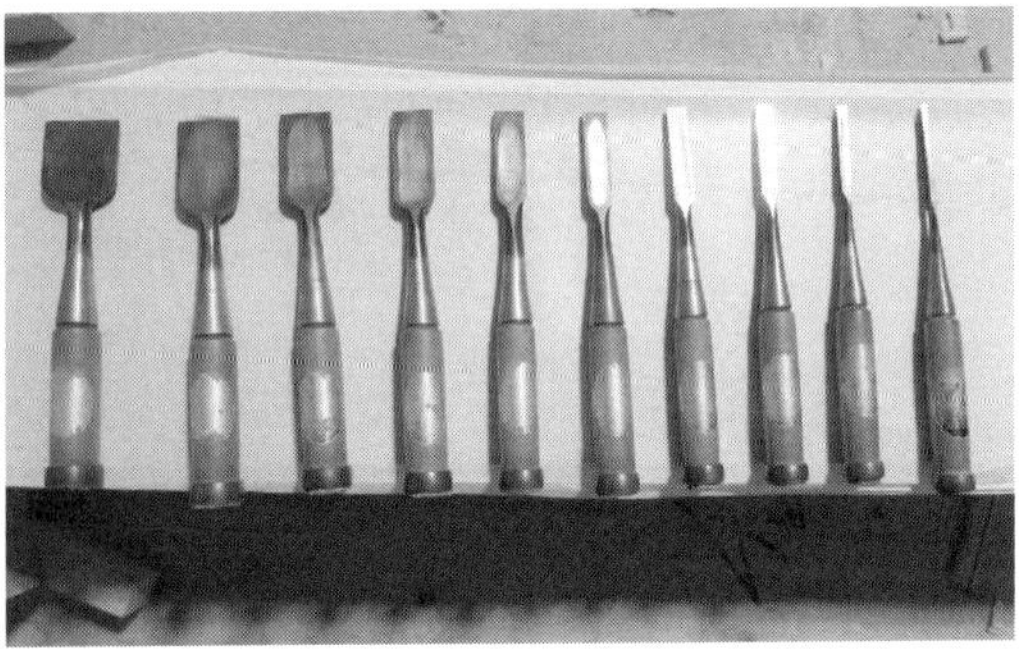
叩鑿の腹

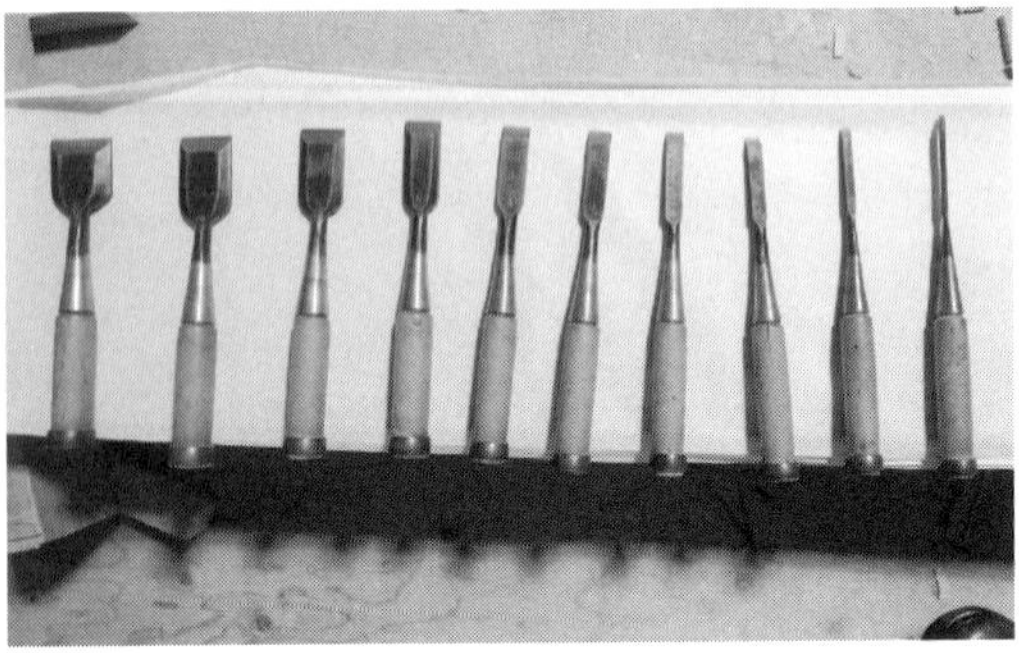
叩鑿の背中

多様な継手や仕口が生まれたからであった。また特殊な加工を要する場合は、その条件に合わせて大工自身が工具を加工するため、その種類と数が限りなく増えていくことになる。なおノコギリ、カンナ、ノミの名称と用法については次の一覧表で示した。継手と仕口に関しては第4章で述べてみたい。

(6) 大工道具の種類と保守管理

昭和18(1943)年に東京土木建築工業組合の委託で労働科学研究所が大工道具の調査をおこなっている。その報告には大工道具の標準的編成として179点、最小限の編成として73点の工具を挙げている。その内訳は表5のとおりである。前者においてはノミ49点、カンナ40点、キリ26点、墨掛・定規14点、ノコギリ12点の順になっている。

近世以降大工道具の機能分化がおこなわれてきたことが理解できるのであるが、その中でもノミとカンナ、キリ、そしてノコギリの種類と量が多いことが目立つ。その理由は伝統的に継承されてきた継手や仕口の手法がより高度になり、より正確で美しく、そして堅牢な建築が町屋など民間の建物まで広がっていった結果であった。171頁の表は「大工道具の標準的編成(竹中大工道具館作成)」を参考にして、ノコギリ、カンナ、ノミに限って筆者が作成した。

一人前といわれる職人は自分で使う工具は自らの手で保守管理することが基本であった。ノコギリ、カンナの刃、ノミなどの鉄製工具は専門の鍛冶屋が製作したものを使用するが、職人自身が使いやすいように工夫し、改良していく。そして常に使える状態にしておくことは常識とされていた。加えて台鉋の台、カナヅチやノコギリなどの柄は大工自身が製作し、改良していくものであった。このような職人は良質な数種類の砥石を所持しており、工具と同様に他の職人に自分の砥石を使わせることはなかったようである。

刃物を研ぐときは砥石に対して真正面に正座して、砥石の面と刃の面が水平になるようにして裏面を研ぐ。すると表の面にバリが生ずるのでその状況を指先で判断し、仕上げ用の砥石でバリを取るようにして慎重に研ぎ、切れ味のいい刃を完成させる。そのような刃物は薄紙を簡単に切ることができ、カッターなどよりもはるかに切れ味がいい。刃物が研げるようになるには3年はかかるという。

以上みてきたように木材の加工用具が出そろうことで、規格品としての建築部材の加工と、より精密な継手や仕口の加工が可能になり、木工の伝統という土台の上に新たな建築工法が確立されていった。その技術を実際に駆使できる職人の技と多様な大工道具が継承されていくことで、今日につながる日本型家屋の型ができあがっていったのである。その先駆けになった時代が、町屋が成立していく時代であったと考えていいであろう。

その一方で技術の進化とは何か、退化とは何かという問題にぶつかることになった。建材加工の工程において「割る」「削る」から「挽く」「整える」に変わる時代があった。工具に置き換えると割鉈《ワリナタ》と槌から大鋸への変化である。これによって建材の規格化、量産化に向かうのであるが、割鉈の時代は木材の繊維に沿った形で製材し、大鋸を使う時代に入ると繊維を断ち切る形で製材をおこなうことになる。

また先の内藤氏は「槍鉋は木材の繊維をつぶすことが少ないので長い間木の光沢を残し、木材本来の丈夫さを保つことができる」と語っている。木材の本来の性質を生かすという立場から考えると割鉈の時代の方が理にかなっていることが明らかである。このようなことは日本の近代化過程において様々な

表5　大工道具の標準的編成（ノコギリ・カンナ・ノミ）　昭和18年

工　具	種　類	用　　途	備　考
ノコギリ（鋸）	前挽大鋸	大型の縦挽き用鋸	
	ガガリ	同上	日本古来の鋸の説あり
	穴挽鋸	丸太の粗挽き用鋸	
	挽切	分厚い板を挽く鋸	
	両刃鋸	横挽きと縦挽きの両用鋸	
	胴付鋸	仕上げ用鋸	薄く作られた鋸
	畔挽鋸	敷居、鴨居等の溝を挽く鋸	先端に刃がつく
	引廻し鋸	曲線挽、切抜き用鋸	穴挽き鋸ともいう
	突廻し鋸		
	底廻し鋸		
カンナ（鉋）	平鉋	平面を仕上げる（1枚刃、2枚刃）	
	長台鉋	板矧すべき板の木端面を削る	
	なぐり鉋		
	際鉋	木材の入隅を直角に削る鉋	
	内丸鉋	台面を凸の曲面にした鉋	
	外丸鉋	台面を凹の曲面にした鉋	
	反台鉋	台面に弓型の反りのある鉋	
	面取鉋	各種の面型を削る鉋	
	台直し鉋	鉋台を水平に直す鉋	
	基市決り鉋		
	底決り鉋	溝の底を仕上げる鉋	
	脇取鉋	敷居、鴨居等の溝の脇を削る鉋	
	ひぶくら鉋	鎬《しのぎ》加工用の鉋	
	蟻決り鉋	蟻決《じゃく》り加工用の鉋	
	印籠鉋	印籠継ぎ、印籠決り用の鉋	
	機械決り鉋	機械決り用の鉋	
	小穴鉋	板材等に細い溝を掘るための鉋	
	横溝鉋		
ノミ（鑿）	叩鑿	枘穴等穴をあけるための鑿	全体が分厚くできている
	大入鑿	造作用、化粧用、仕上げ用鑿	使用頻度がたかい
	向う区鑿	細かな細工用鑿	ムコウマチノミ
	丸鑿	円形の穴をあけるための鑿	
	鐔《つば》鑿	鑿を抜くための鍔付きの鑿	
	掻き出し鑿	溝のごみを掻きだし用の鑿	
	打出鑿		
	蟻鑿	蟻継ぎの工作用の鑿	刃を三角形にした鑿
	鏝《こて》鑿	長い溝を掘る。柄が建材にあたらないよう柄を鏝状にした鑿	左官職の鏝形の鑿
	突鑿	長い溝を一気に掘るための鑿	刃の部分も柄も長い鑿

参考：「大工道具の標準的編成」

形で表面化したことであり、現代社会の中においてもなお起こり続けている。

合理的な生産体制、便利な生活は多くの人びとが望むことであり、時代の大きな流れになってきたことは事実である。しかしながらその流れの中で消えていった優れた技術や製品はおびただしい数に上るであろう。このようなことは一度立ち止まって考えてみる価値があると思っている。

第4章　町屋を支えてきた人びと

この度、旧岡本家の解体と新築工事の見学が実現したことで、町屋は多様な側面を備えていたことが理解できるようになった。また町屋の存在は商人や職人の歴史と深いかかわりを持ち、建築技術や大工道具と密接に関係していた。したがって家屋を中心とした住生活のみならず、日本の歴史や日本の民衆文化（常民文化）を考えるうえで、大事な部分を担ってきたことも明らかになってきたように思う。第4章では本書のまとめとしてこれらの問題について考えてみたい。

1　町屋が創り出した景観

(1) 切妻、平入の町屋

たとえば、京都や小京都とよばれる町を訪れて、町屋が連なった景観の中を散策したとする。その時に何となく懐かしい気持ちになり、また心が安らぎ、安定した気分になった、という経験をした人は少なくないであろう。その理由は日本人の心のどこかに、町屋が日本の原風景のようなものとして潜んでいて、その想いがよみがえってくるからではないだろうか。

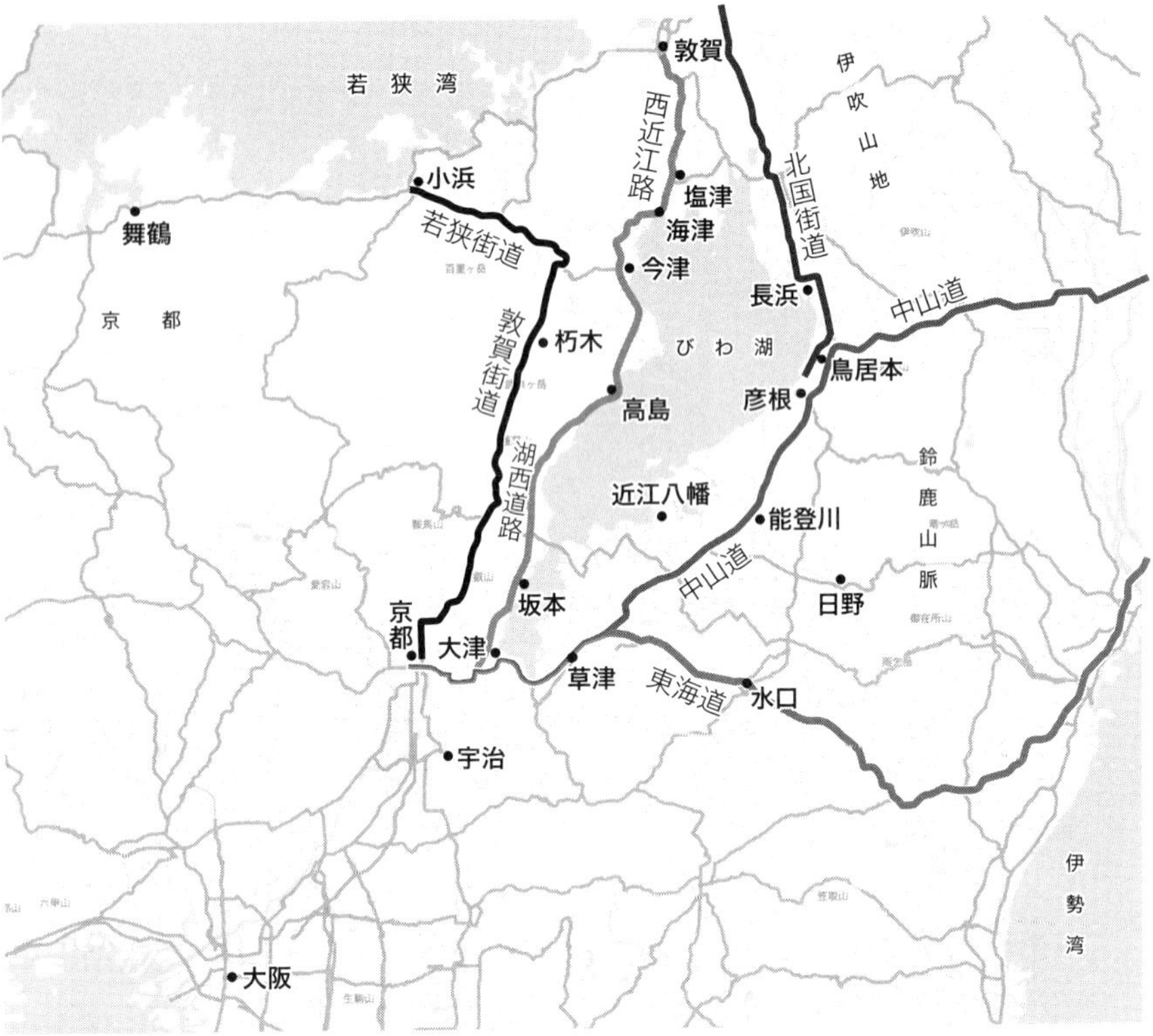

図30　びわ湖周辺交通図

それでは町屋に見られる日本の原風景的な要素とはどのようなものであろうか。外観からみていくと、桟瓦葺きの屋根、さほど背の高くない厨子二階（中二階）、漆喰で塗り籠められた虫籠窓がまず目につく。そして多くの屋根は切妻で、出入りは平入である。切妻、平入という考え方が早くに定着したのは、京都をはじめ商品生産と流通が盛んであった町において、商人や職人が集住したからとみられる。

滋賀県を例にとってみると、地理的に京都に隣接しているという立地条件に恵まれていた。さらにびわ湖を中心として湖上交通が活発におこなわれていたこと、東西南北への街道が通じていたことにより、交通の要所として機能した町が少なくなかった。びわ湖自体が流通の大動脈であって、北は北陸へ、そして日本海へとつながり、西は瀬田川、宇治川、淀川を経て瀬戸内海につながっていた。

びわ湖を取り巻く街道は網の目のように張り巡らされていて、人の動きも物資の流通も活発であったことがうかがえる（図30）。主要な街道をあげていくと、東海道と中山道は草津宿で合流し大津宿を経て京都へ向かう。中山道の鳥居本宿から北は北国街道となり日本海に達する。一方日本海側からは福井県敦賀と小浜が拠点となり、びわ湖北端の港である塩津、大浦、海津へ到達し、荷は船積みされて南部の大津、坂本などの港に向かう。

湖西地方においても大津と京都、そして北陸を結ぶ大きな道が2本通じている。街道の拠点となった町には町屋が建ち並び、活気あった当時を想像することができる。また多くの近江商人を輩出した高島、近江八幡、能登川、彦根、日野などにおいても大型の町屋を残しており、特色ある町並み景観を呈している。

町屋の景観として頭に浮かぶのは、間口が狭く奥行きが長い敷地が設定され、一定の区画の中に多くの家屋が建ち並んでいる姿であった。狭い間口を有効に利用するには間口いっぱいに家を建てることになり、屋根と屋根がぶつかるなど隣家との間隔がほとんどとれないという状態になる。そこで町内では互いに争いのない関係を保ち、近隣関係に亀裂が入らないためのルールが確認されていく。文字で明記された取り決めは散見できるが、明文化されることのない暗黙の取り決めもあった。それが切妻屋根の平側を道路に向けて建て、平側に玄関（入り口）を設けるという考え方であったのではないか。必然的に平入になる。

切妻の屋根であれば平《ヒラ》の部分の両側に雨が落ちる。この屋根の平側を道路に向けると、自らの屋敷内に雨が落ちることになり隣家に迷惑をかけることはない、という考えが認識されていたと思える。隣家との境界の設定や雨水などの問題は争いのもとになることが多いので、早くから近隣社会（横の人間関係）が重視されてきた西日本社会において、人びとの知恵が働き、暗黙のルールとして認識されていた。その結果、統一のとれた町並み景観が出現し、ほかの地域にも広まっていったのではないだろうか。

町場においても農村においても、人びとの土地に対する意識は高かった。この意識は、稲作を主要作物として出発した国家の成り立ちと関係が深いであろう。古くは草や木の葉、藁などの有機肥料が主力だったので、水田を持っている人にとって土手や畔に生える草も貴重な資源であり、あやまって他人の土手の草を刈ってしまった場合は謝罪するだけでなく、刈った草も返さなければならなかった。いかに狭い土地であっても所有権がはっきりしていたのである。

かつては広かった田の畔がだんだん狭くなり、またまっすぐ通っていた畦道が曲がりくねるようになるのは、1株でも多く苗を植えたいという気持ちの表れであった。たとえ1株という狭い幅であっても10mも続くと30株あまりになる。これが10年、20年を経過すると、かなりの収穫の差になっていくのである。小規模な家族経営の農家が自立していくことが必要であり、理解できる考え方であった。

このような土地や境界に対する意識は、稲作文化を共有する日本人の多くが持っていたように思う。町場においては屋敷や道の境界が常に争いのもとになった。しかしながら先に述べたように、横の人間関係を大切にする西日本の社会においては、お互いに譲り合う、いさかいを避けるという意識が上回っていたと思うのである。

（2）京の町の改造と防火に対する意識

日本の住宅は木造が主流であったため、もっとも恐ろしいのは火事であった。木造の部分が露出していると火は移りやすく、一度燃え広がった炎は消火作業を困難にした。火の勢いが強いと近隣の民家に燃え移り、町中を焼き尽くすことも珍しくなかった。町人が火災に対する対応を迫られるようになるのは戦乱が多発した時代であろう。中世においては応仁の乱（１４６７～77年）があり、それに続く戦国時代ではなかったか。戦乱の時代であったから、町人同志が力を合わせて、自らの家や家族を守るという意識が高まっていたであろう。

時代はかなり下がるが、元禄12（１６９９）年に出版された『愛宕宮笥』は、火事に対する備えについて記されたものである。「愛宕様」は防火の神様である愛宕神社のことで、京都の愛宕神社を本社とする。日本各地、とくに西日本において信仰の厚い神社である。この中に厨子二階のある家の消火活動の様子が描かれている。火事を出した家は長屋の一部のようで、両側の家は平屋である。厨子二階の家を挟んで左右の家に2基の梯子をかけ、梯子の途中から水にぬらした厚手の布のようなものを屋根にかぶせている。

梯子を上っている者は5人いて、3人は大きな団扇を棒の先につけて屋根にあげている。残りの2人は水の入った桶を運んでいる。またもう一方の屋根には、屋根に敷かれた布らしきものの上に水をかけている者が17人おり、下では水の入った桶をリレー式に運んでいる者が11人いる。この消火活動は当時の政権側が主導した火消しではなく、近隣の者が助け合って消火している姿にみえる。

さて15世紀中葉から後半期にかけての町屋は、間口二間、奥行二間ほどの広さで、片土間式の店舗が主流であったという印象がつよい。裏手の庭は広場として利用されており、共同の井戸を使う人、鋤で土をおこしている人、鳥をつかまえようとしている子供、染めた布を干す人などが描かれている(『洛中洛外図(町田本)』)。この町家で囲まれ、井戸を備えていた裏手の庭が火事の延焼を防ぐ火除け屋敷の役割を果たしていたようである。

ところが豊臣政権の時代になって京の町の大改造がおこなわれた。京の町は一町(約109m)四方の街区で構成されていたが、その中央部に突抜《ツキヌケ》とよばれる道を南北に通し、両側を新たに間口三間、奥行き十五間ほどに区画した。そして古くから同所に住んでいた住民や諸国から移動してきた人びとが住み着くことになった。天正19(1591)年のことであった(丸山2022)。

一方で次のような記録もある。下京の中心街である三条烏丸に隣接する饅頭屋町の「軒別各坪数」には、間口一間から二間半までの町屋が3分の2ほどあり、奥行は十間から十二間の屋敷が大半を占めていた(川嶋1976)。慶長15(1610)年のことであるが、火除け屋敷として機能していた町屋の裏の共有スペースが分割され、離れや土蔵、庭などに活用されるようになっていた。隣家と接しているので間口を拡張することはできないが、建物を裏にのばしていくことは可能であったのである。

町人が防火に対する意識をより強く持つようになるのはこの頃からではなかったか。

厨子二階の外壁は漆喰で塗り籠められ、二階の部分だけであるが木質部分を隠すことで隣家からの火を防ぎ、また隣家に火を移さないという意思の表れであったように思う。その後明暦年間(1655〜57年)の作とされる『祇園祭礼図(八幡山保存会蔵)』には、長榑《ナガクレ》葺《ブ》き石置きの屋根が多い中で本瓦葺きの屋根も現れるという状況になっている。

この時代（1615年前後）、町屋の背後に背の高い本瓦葺きの土蔵らしき建物が目立つ。この土蔵には窓がついており、その多くは虫籠窓風の塗り籠められた窓のようにみえる。火災から財産を守る意識が高まったのであろう。しかしこの型の土蔵は何らかの不都合があったようで、近世中期以降にはほとんど姿を消している。当時の建築技術として二階建てまでは可能であっても、それ以上高い建物は無理であったのかもしれない。

（3）防風対策としての卯建《ウダツ》（梲・宇立）

町屋の景観として特記しておきたいのが卯建である。卯建を残している町屋は、徳島県脇町（美馬市）、岐阜県泉町（美濃市）、同郡上八幡、富山県高岡市金屋町、同砺波郡八尾町、長野県奈良井宿、同妻籠宿、愛知県有松（名古屋市）などがあり、日本各地を探してみるとかなりの数にのぼると思う。藍、織物、鋳物など地場産業で栄えた町、宿場町、門前町、そして商工業で栄えて町で、古い姿を残している商家であれば今日なお見ることができる。

この時代は厨子二階の店を道路に面して建て、その後ろに住まいを建てて店とつなぎ、職住一体の町屋ができあがっていく時期であった。ウナギの寝床の誕生である。まさにこの時期が近世の町屋成立の萌芽期といってもいいのであろう。そして期を同じくして漆喰仕上げ虫籠窓付きの厨子二階と卯建を備えた町屋が軒を並べるようになった。

当時は依然として町屋の屋根は長榑板葺きが主流であり、長榑を押さえる竪桟と横桟を井桁状に配置し、その上に石を整然と並べて屋根板を押さえ、強風によって板が飛ばないようにしていた。しかしながら妻側の端の榑の工作が難しく、また何らかの形で保護しないと榑が傷みやすいという欠点があった。そのため両妻側を高くして壁を作り、屋根に沿って山形に立ち上げて板屋根を守る形式ができあがる。これを卯建とよんでいる。卯建は屋根の榑板を保護し、防風対策として機能した。

以下、卯建を理解するためにいくつかの見解をあげてみる。

「古くは建物の棟を支えるため、梁上に立てられた棟束を宇太知《うだち》・宇立《うだち》の名でよんでいた。建物の妻側からはこの束が直接見えるので妻の棟束をさすようになった。中世末からは町屋の妻に屋根より上に突き出す壁ができて、この部分をも卯建とよぶようになった」（『日本大百科全書』1985）。

「隣家との境の妻壁を屋根より一段高くして、その上に小屋根をかけたもの。（中略）家の格式を示す装飾的役割が大きい」（武井1994）。

「屋根の柱を棟木といい、その棟木を負うものを梁という。梁の上の柱を楣《ますがた》という。梁の上の柱の侏《しゅ》儒《じゅ》（みじかいもの）を梲《うだち》という」。楣は「ますがた」という読みになっている（『字源』）。

『字源』の解説では「梁からの上楹、是を梲という。①うだち、つか、②木杖、つえ」とあり、楹《えい》は「はしら（柱）、圓く大いなる柱」とある。また楹という語は家屋を数える際にも使うようである。したがって梲の元の用途は棟木を支える丸い柱であったことになる（『字通』）。

これらの見解をまとめてみると、梲は、梁の中央部に立て棟木を支える棟束のことで、ウダチ、オダチなどとよばれていた。この棟束と同じ名称が、妻側の榑を保護する壁にもつけられるのであるが、棟束を含めて妻側の外壁を棟よりも高くした状況もまたウダチとよぶようになったと理解していいようで

徳島県脇町、藍と生糸の町

富山県八尾、富山と岐阜・長野との交通の要所。袖卯建の町屋が並ぶ

ある。

　さらに厨子二階の両袖に張り出す形で袖壁を付け、漆喰で塗り籠めた形式が現れるが、これも卯建（袖卯建）とよんでいる。その形が卯の字に似ていることから、卯建という文字があてられたという。卯建は町屋が瓦屋根に変わっていく段階で、火伏の役目を果たすようになったといわれている。

　町屋が瓦屋根の時代になると火災の延焼を防ぐ役目が加わった。延焼を防ぐ手立てとして、厨子二階や卯建を漆喰で塗り籠めることが考案されたとみていいであろう。隣家からの火をもらわないように、そして隣家に火を移さないようにという配慮を察することができる。ここにも「お互いさま」という日本人的な考え方が浸透しているようにみえる。しかし卯建も次第に装飾的な要素を加え、町屋建築の特徴の一つになっていった。

（4）漆喰に塗り籠められた蔵

　火災に対する防備意識は土蔵の存在に顕著に表れている。土蔵の外壁を厚くしてその上に漆喰を塗るのは美しさを保つため、さらには火事を防ぐためであった。火の手が上がっても土壁と漆喰が塗られた母屋《モヤ》と垂木《タルキ》が火の回りを抑え、吹き上がった炎も壁に沿って外側に向かっていくため、屋根に燃え移ることは少ないという。母屋や垂木が露出していると火が燃え移り屋根が焼け落ちてしまうのである。厨子二階も土蔵も同じ考え方で造られていることを知る。

　解体作業の中でみてきたように、旧岡本家は母屋と垂木に縄を何重にも巻きつけて壁土をつけ、その上に漆喰を塗っていた。切妻屋根の先端部分も数本の太いタケに藁縄を巻きつけて土壁で塗り固め、そ

富山県高岡、全国的に知られた鋳物の町

愛知県有松、東海道の宿場町で絞り染めの産地

の上に屋根瓦を載せていた。隣家からの類焼を防ぐには、母屋と垂木を含めて、建物全体を漆喰でくるむことが必要であったのである。

先に土壁の項で話をうかがった大沢秀一氏によれば、土蔵の建築は左官が中心になって仕上げることになるので、実務上は左官が棟梁としての役割を果たすのだという。大工仕事よりも左官仕事の方の工程が多く重要な作業が必要であるからで、江戸の蔵は20数回も壁塗りを繰り返して30～40㎝もの分厚い壁に仕上げたという。

土蔵は、仮に外部が焼けたとしても中の財産は無事に残すことを目的とした建物であった。また厨子二階は、主として大事なものを収納する場であった。したがって分厚い漆喰の壁を塗り、土蔵のように母屋も垂木も漆喰を塗っている。窓は小さな虫籠窓であり、古くは窓のない壁面も珍しくはなかった。板葺きの屋根を瓦葺きに変え、たとえ形式的なものであったとしても卯建を上げる、外壁は漆喰で塗り籠めるという手法に、火災から財産を守る、延焼を防ぐといった考え方が表れている。

以上述べてきたことは、近隣に被害を及ぼさない、近隣からの被害を受けないという、地域社会の中でお互いに被害をおよぼさないための知恵であったことが理解できる。その考え方の根底には財産を守るという実利的な目的があった。さらに厨子二階を出現させたことは、背の高い二階建てを嫌った武家の時代において、時の権力者との摩擦を避け自身や家族を守るための知恵であったと考えられる。

このような賢さが生活の安定や財産の保全につながり、結果的に地域社会の一員として近隣への心遣いにつながっている。その考え方はきわめて日本的であり、具体的な形として統一のとれた町屋の形態や町並みのたたずまいに現れているのではないだろうか。

大阪府佐野、古くからの漁浦で商業が盛んであった

滋賀県坂本、町屋には土蔵を伴う例が少なくない

2　正確な職人の仕事

この章では町屋に見られる日本の原風景的な要素について考察しているのであるが、その要素は現代の建築に携わる職人の仕事の中にも現れていた。この度の旧岡本家の解体工事では、職人が仕事をおこなう上での考え方を具体的な作業を通して見せてくれた。その後の新築工事に関しても各工程において、確かな技術を保持した職人の仕事を見学できた。建築に関わる職人の正確な仕事が日本的景観を形にしてきたと考えることができる。この項ではその後の職人の仕事について確認することにしたい。

(1) 基礎と土台の工事

旧岡本家の敷地のうち、前面の8ｍあまりを歩道、および道路建設のために提供したので、同じ敷地内の後方に新たに住宅を建設することになった。解体作業が終わって2カ月ほど後に新築工事が始まったのであるが、建物の外観と玄関周りは極力元の形に近づけ、さらに旧岡本家の床の間、脇床などから取りはずしておいた部材を再使用して和室を完成させる運びとなっていた。しかも地元の工務店が伝統的手法で施工することになったので、この家を「令和の町屋」と名付け、引き続き見学の許可をいただいた。

敷地内の埋蔵文化財の発掘調査と地盤調査の後、基礎工事が始まった。基礎工事はベタ基礎という方法がとられた。1995年に発生した阪神・淡路大震災以降、耐震性をより強化するために推進された工法で、建物の周囲と内部の間仕切りに立ち上げた基礎梁と、15㎝厚のコンクリートを打ち込んだ底盤を鉄筋で連結し、基礎全体を一体化させるのである。広い鉄筋コンクリートの面を造ることで耐震性を確保し、基礎全体がめくり上がることがない限り建物が崩壊することはないという。

この基礎工事においても正確さと美しさが十分発揮された。まずGL（グランドライン）より地下36㎝ほどを掘って砕石を入れ、捨てコンを打ち、その上に基礎梁を立ち上げる。基礎梁は地下に24㎝埋め、地上に40㎝立ち上げるので、高さの合計は64㎝ほどになる。底盤のコンクリートは厚み15㎝を確保し、直径1㎝3㎜の主筋を20㎝間隔で入れ、直径1㎝の補助筋で主筋を補助する形で配筋がおこなわれた。

工事は7月14日から始まり、22日に鉄筋が組み上がり、25日に底盤のコンクリート打ち、26日に底盤上の基礎梁の型枠立て、27日に基礎梁のコンクリート打ちという順に作業が進み、31日にコンクリートの型枠がはずされた。建物は間口約8m20㎝、奥行き約9m30㎝の規模であったが、基礎工事のすべての工程において水平と垂直を保つことに神経を集中し、計器を駆使して要所要所を丁寧に確認する職人の姿が印象的であった。

コンクリートの量は緻密に計算されていて、ほとんど誤差はなかった。夏季の作業であったためコンクリートが乾く速度が冬季よりも速くなる。コンクリート打ちの時間をあけると先に打ったコンクリートとの接着がうまくいかない場合があるため、量の正確さは建物の強度を左右することになる。

とくに注目した作業は、①12㎝角の土台を載せる基礎梁上面の水平の確保、②土台と基礎梁を連結するアンカーボルトの位置と高さ、および③通し柱と土台を連結するアンカーボルトの位置と高さを設置する作業であった。いずれの作業も正確に設置できなければ建物の軸組みが狂ってしまうことになる。

①で注目する点は天端ポインターである。
基礎梁の上端（GLより40㎝高）と同じ高さから底盤に向かって、長さ20㎝ほどの天端ポインター（オレンジ色の物差）を約60㎝の間隔で合計100本あまり、基礎梁の鉄筋に取り付ける。この物差の頂点から1㎝下に羽状の印がついており、コンクリートは羽が沈むまで流し込む。

その後、基礎用天端仕上げ材という粒子の細かいコンクリートを適量の水で溶き、柄杓を使って、基礎梁の上端に至るまでの厚さ1㎝分を、水平を保ちつつ慎重に流し込んでいく。手作業である。以上の作業を進めることで基礎梁上面を均一に、水平に仕上げていくことが可能になるのであった。
②で注目する点はアンカーボルトの高さをそろえることである。
基礎梁の上に載る12㎝角の土台を固定するアンカーボルトは、直径1㎝2㎜、長さ40㎝で、ボルトの下部はL字型に加工され、柱を挟んで約70㎝ごとの間隔で取り付けられた。このアンカーボルトは垂直に立て、上面は土台（12㎝角）と同じ高さにする必要がある。慎重に何度もレベルを確認して鉄筋に設置する。ボルトの総数は90本を数えた。
③は通し柱を補強するアンカーボルトである。
四隅に立つ通し柱と中央の柱を固定する合計5本のアンカーボルトを設置する。ボルトは直径1㎝6㎜、長さ70㎝あり、下部はU字型に大きく曲がっている。このボルトを通し柱のすぐ脇に立て、柱とボルトを金具で止めて固定する。よって通し柱との微妙な間隔を保ち、なおかつ垂直に立てる必要があった。

建物が建ってしまうと基礎の部分はほとんど人の目に触れることはないが、基礎には重い建物を支える重要な役割がある。長い時間を経た後に、また災害に遭遇した際などに基礎と土台の施工の良し悪し

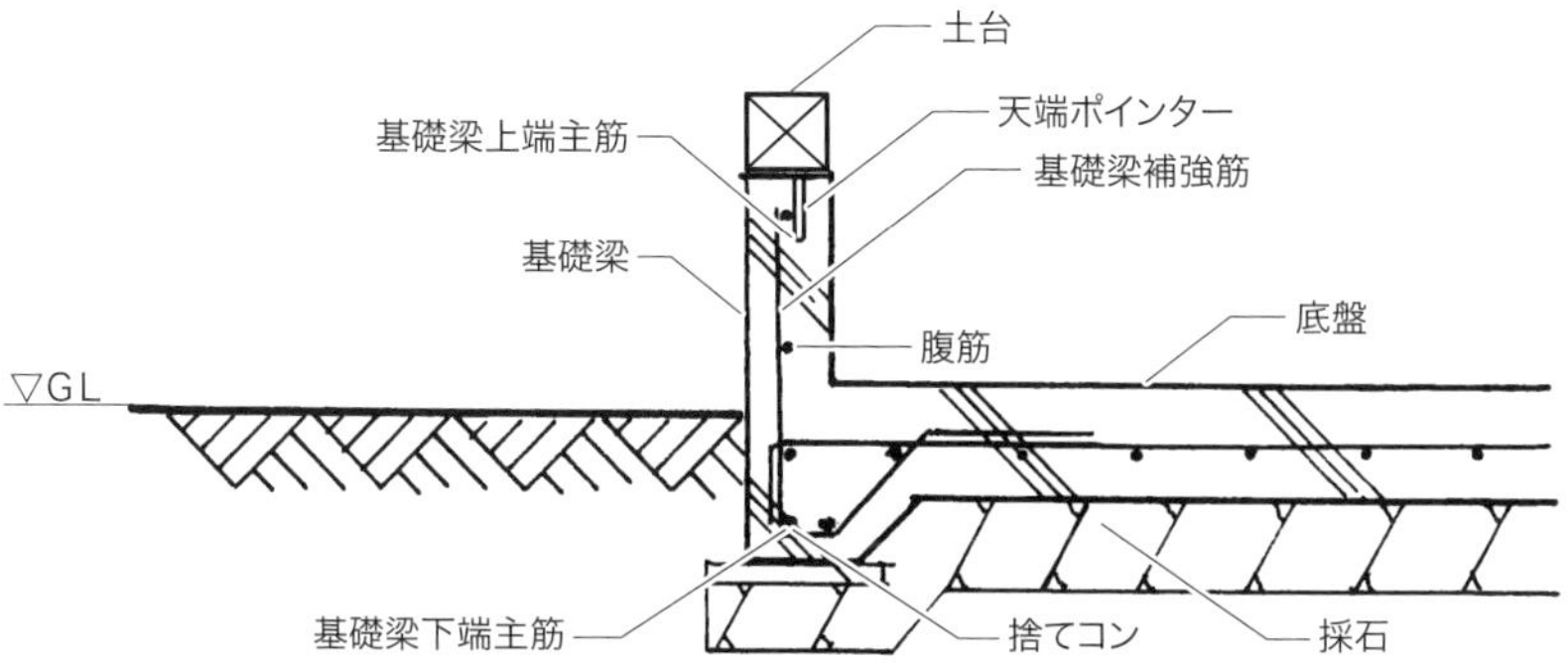

図31　基礎梁と天端ポインターの図

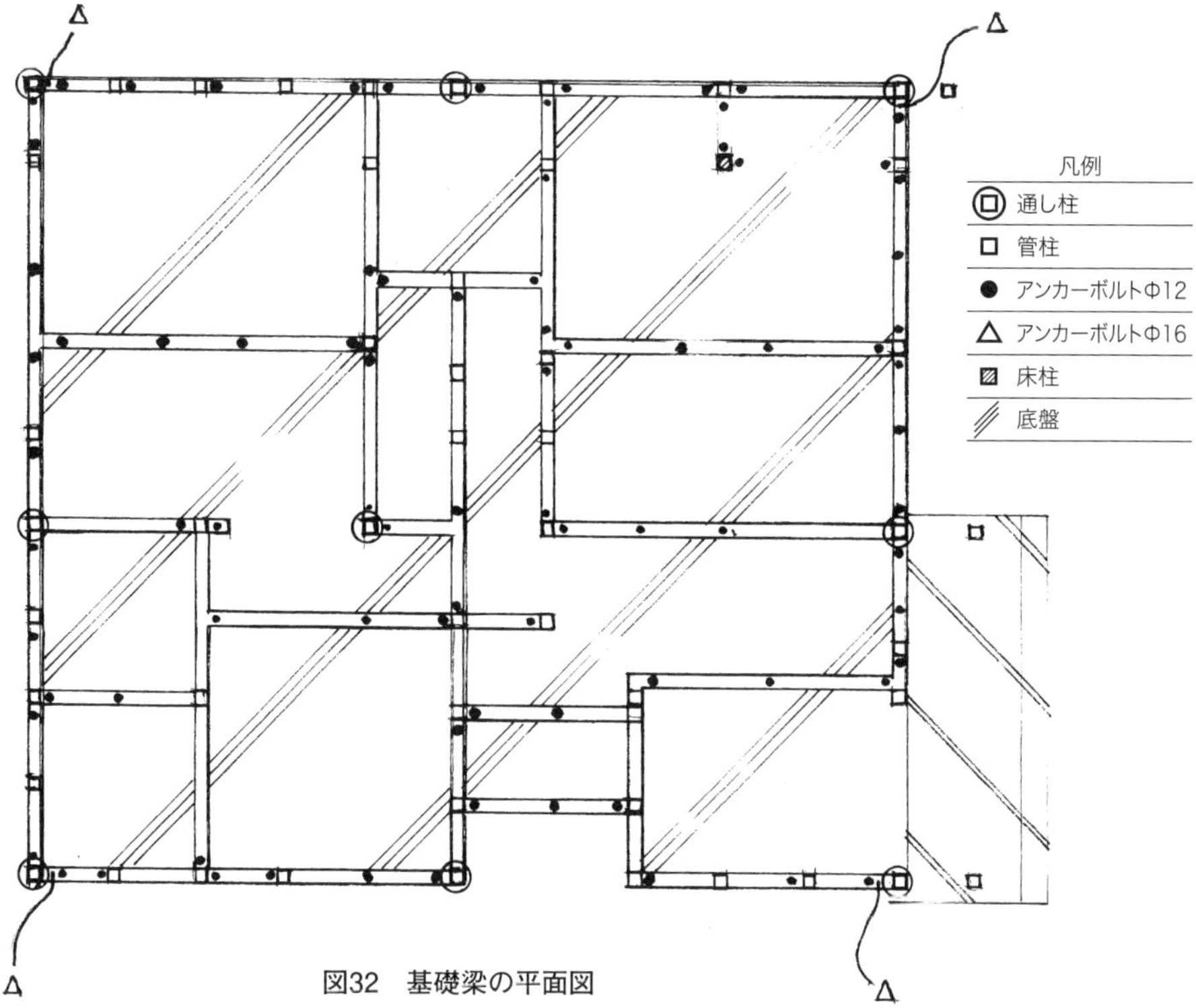

図32　基礎梁の平面図

粒子の細かいコンクリートを柄杓で注ぐ

基礎の上端を整えるための基準となる天端ポインター。2枚の羽がついている

水平を保った基礎梁の上端とアンカーボルト

水平を保たれた土台

若い大工によって無事棟木が設置される

棟上げの準備を待つ棟木

が明らかになるのである。この度の施工では図面に忠実に、しかもミリ単位の誤差も許されない職人の技を見せてくれた。その仕上がりは正確で実に美しかった。

基礎工事が完了すると大工職が入り木工事が始まった。基礎梁の上に土台を載せると、すべて見事に納まった。アンカーボルトの位置を確認しながらドリルで土台に穴をあけ、ボルトを通して据え、1本1本ナットできつく締めていく。すべてのナットと土台の上面は同じレベルに見事に揃っていた。柱は四寸（12㎝）角を使用しており、通し柱を含めて54本建てられた。土台も四寸角を使用しすべてヒノキ材を使用した。

以降、桁、梁、棟木、母屋、垂木等の架構があり、構造体の工事は順調に進められた。木工事の開始は8月17日、上棟式は24日におこなわれ、このうち上棟式前の2日間は、大型のクレーンを導入しての大掛かりな架構工事になった。大工は棟梁を含めて熟練した者が3名、若い大工4名という構成で、一階の柱を立ち上げ、桁、梁などの構造材を組み立てた後、4名の若い大工は梁や桁に上がって二階の材を立ち上げていく。一方熟練した3名の大工は一階で指図をしながら柱は直角に、土台、梁、桁等は水平・直角に仕上っているか角度を計り、仮の筋交いを入れて微調整をおこなうなど、見事な連係プレーを見せていた。

(2) 客間(座敷)の普及

8月17日の土台の敷設から始まった木工事は、屋根、床、壁下地、外壁等の工事が続き、座敷の造作に取りかかったのは約2か月後の10月11日であった。そして12月18日に天井を張り終えて木工事は終了した。とくに座敷の造作は宮大工としての実績を積んできた棟梁が1人でじっくり時間をかけて手掛けた。

旧岡本家からは床框、違い棚の板、建具などを再使用すること、坂本ではお日待ち(注26)など地域の寄り合いが継承されており座敷が必要であること、そして何よりも旧岡本家の一部を再現したいという願いが、正式な座敷を設ける理由であった。座敷の造作のうち敷居と鴨居、建具についてはすでに記してきたので、ここでは床の間、床脇、天井周りを中心に話を進めていく。

住まいの中に客をもてなす部屋を設け、そこに大事なものを飾って楽しむという習慣は古くからあった。東日本においては広間型の民家が広く普及していたことはすでに述べたが、広間は家族が集まる部屋であり客をもてなす部屋でもあった。ゆえに広間にはいろりが設置され、客座が設けられていた。客をもてなすための席である。

また広間には押板とよばれる空間が設けられた。押板は幅が一間ほど、奥行きが柱の太さほどの狭い空間で床《ユカ》よりも多少高い位置に床板《トコイタ》が張られ背後は板壁になっている。この空間には崇敬する神社のお札をかけ、先祖の遺牌を置いた。さらに書画をかけたり、珍しいものを置いたりして楽しんだようである。いわば床の間の前身のような存在であった。押板は武家の住宅や僧房に設置されていて、その後徐々に民間に普及したという（『民家大事典』２００５）。

一方西日本においては出居《デイ》とよばれる部屋があった。入口を入ってすぐの土間に接した部屋で客を迎える場として使われた。その奥がダイドコロという部屋になる。土間には竈と炊事場があり、ダイドコロは家族が食事をする場であった。東日本と異なり出居という接客の場が独立していたことになる。

やがて田の字型間取りが普及すると、奥の部屋が客座敷として使われるようになっていく。そこには床の間や仏壇が置かれた。お日待ちがおこなわれる際などは、その宿は地域の人びとが順番につとめることが多く、座敷が使用された。よって座敷を持つことで地域社会の中で一人前の付き合いができるようになっていくのである。

書院、床の間、脇床をセットにした正式な座敷のしつらえは、家格や身分の上下関係が厳しい武家社会の様式として取り入れられた。書院造りとよばれている。書院は鎌倉時代末期（14世紀前期）の『法然上人絵伝』、室町時代初期（14世紀中期）の『慕帰絵詞』などの絵巻に描かれているので、僧房において使用されていたことがわかる。『慕帰絵詞』に描かれた書院棚には盆栽、硯箱、白紙が置かれている。書斎として使われていたのである。

書院造りが一般の民家に取り入れられるのは江戸時代に入ってからで、名主級の家や宿場本陣、脇本陣などの家が先駆けとなった。それは定期的におこなわれた武士階級の視察や宿泊など、公式、非公式に武士を迎える機会があったからである。書院と床の間を備えた正式な座敷は武士階級のための施設であり、家人や共同体の集まりで使用するためではなかった。しかし江戸時代も中期以降になると、町屋や一般の民家においても平書院という略式の書院を伴う書院造りが普及し、以降多くの家で取り入れることになる。旧岡本家の書院も平書院であった。

（注26）「お日待ち」旧の正月、五月、九月の中旬におこなう忌みごもりをいう。夜を通し、翌朝日の出を拝して終わる。坂本では伊勢講、愛宕講などが継承されてきた。

（3）座敷の意匠と木割り

日本住宅の座敷は均整のとれた美しさが大きな特徴である。その美しさは部屋の大きさ（畳の数）と柱の寸法、柱の間隔を基準にして、部屋を構成する部材の寸法、天井の高さなどを割り出す方法が考案されたことが理由の一つであった。この方法を木割りという。木割りは建築の各部に用いる部材の大きさの割合、取り付けの位置など納まりの指針となる決め事、ということになる。

木割りという方法が成り立つのは、建築需要の拡大、原木供給システムの定着、工具の普及、専門的工匠の成立といった条件が整ったからであろう。木割り書として知られる『匠明《しょうみょう》』が書かれたのが慶長13（1608）年とされており、桃山時代には京都における上流階級の住宅に使用されていたという

（太田１９８３）。

しかし木割りは一応の基準であって、そこに工匠が培ってきた美意識と技術が伴うことで美しい座敷が造作されていく。

座敷の天井高を決める木割りの例は以下のとおりである。仮に敷居の上場から鴨居の下場までの高さを五尺七寸（約１m73㎝）とすると、この数値に小壁の高さを加えた数値を天井高とする。小壁は鴨居の上から天井までの間の壁で、その高さは部屋の畳の数を9倍ないし10倍にした値（単位は㎝）とするという。天井高は建具と小壁の高さとのバランスをとっているのである。

標準的な八畳間を例にとると、小壁の高さは八畳×9（10）＝72（80）になるから、天井高は72（80）＋１７３＝２４５（２５３）㎝になる。この寸法に合わせる形で各部材の寸法も決まってくる。なお敷居から鴨居までの高さを１m73㎝としたのは旧岡本家を参考にした。明治期の一般男性の平均身長は五尺二寸（約１m58㎝）とされていることから、明治期に建てられた同家の数値は適正であったと考えたからである。

鴨居の上に取り付ける長押《ナゲシ》は座敷全体を安定させ、重厚な雰囲気を演出する意匠材である。長押の成《セイ》（背の高さ・背丈）の木割りは本柱の0・8〜0・9取りとする。よって四寸（12㎝）角の本柱であれば長押の成は９㎝６㎜〜10㎝８㎜が標準になる。胸の出は本柱の７分の１、または長押成の0・2倍とされる。よって１㎝７㎜〜２㎝という値になる。また長押の下面《シタヅラ》幅は、胸の出と壁散《チ》りの寸法に三分（９㎜）を足した値とするとある。長押の胸は柱の面《ツラ》や鴨居の面から外面が出る部分の寸法、壁の散りは真壁の場合に柱の面と壁の面の差のことを言う（図33）。壁散り寸法を五分（１㎝５㎜）とすると、１㎝７㎜（２

㎝）＋1㎝5㎜＋9㎜＝4㎝1㎜（4㎝4㎜）が長押の下面幅ということになる。

一方天井廻り縁は天井と小壁を仕切る意匠材である。その成は本柱の0・4〜0・5倍、幅は、長押と同じく胸の出、壁の散り、三分を合算した数値という基準があった。胸の出を三分、壁の散りを五分の合計は八分にすると、四寸角の柱であれば廻り縁の背の高さ一分六厘〜二分（5〜6㎝）、幅八分（2㎝4㎜）ということになる。さらに重厚な造りにする場合は廻り縁を二重に回すという方法がとられた（佐藤1996）。

座敷としての意匠を整える小壁や長押、廻り縁は、畳の数（部屋の広さ）と柱の太さが基準となり一定の割合で微妙に変化しつつ、寸法が決められていることがわかる。そして原木の材質、建材の選定やその使い方は棟梁に任されており、とくに接客の場である座敷は棟梁の技術力や個性が発揮される場になっていた。

細かな数字が目立つのでなかなか頭に入りにくいのであるが、細かな作業を積み重ねることにより、均整のとれた座敷ができ上っていくのである。ここに示した数値や施工方法はほんの一部であり、建物全体をみていくと膨大な数値が蓄積されていることがわかる。このようなもの作りの基本的な経験値と知識量が、均整のとれた日本住宅の根底にあることを知る。

（4）床の間の造作

座敷の中でとくに興味を惹くのは床の間を中心とした造作であろう。床の間の主要な要素には書院、床柱、床框《トコガマチ》、床板、落とし掛けがあり、床脇には違い棚、地板、内のり長押、天袋、地袋、狆《チン》くぐり

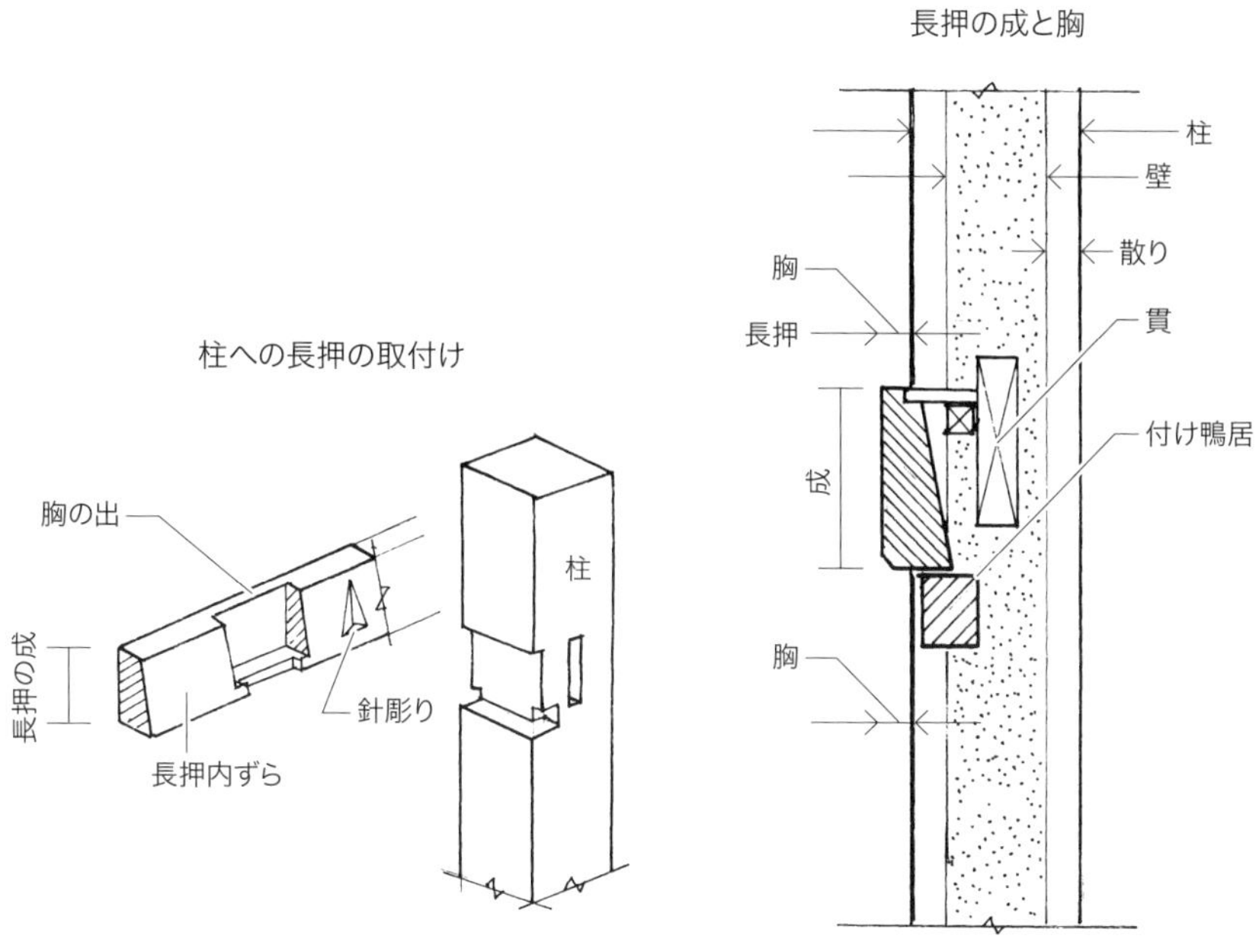

図33　長押の図

などの工作物がある（図34）。

　床柱は床の間と床脇の間に立てる化粧柱である。真《シン》の床《トコ》（武家社会において格式を重んじた床）には面取りの角柱、行《ギョウ》の床《トコ》（真の床を簡略化した床）には面皮柱、みがき丸太など、草《ソウ》の床（茶室等形式的な制約にとらわれない床）にはさび丸太、皮つき丸太などを使う。みがき丸太は樹皮をはいで磨いた丸太で京都の北山杉、奈良の吉野杉などが知られている。面皮柱は四隅に丸太の皮を残した柱、さび丸太は菌により斑紋を生じた丸太である。

　旧岡本家の床の間は「行の床」という形式であった。120年の年月を経ていたためか全体的に暗く重厚な印象が強かった。これに対しこの度建築された新しい床の間は同じ「行の床」であるが、簡素でしっかりした造作がなされ、明る

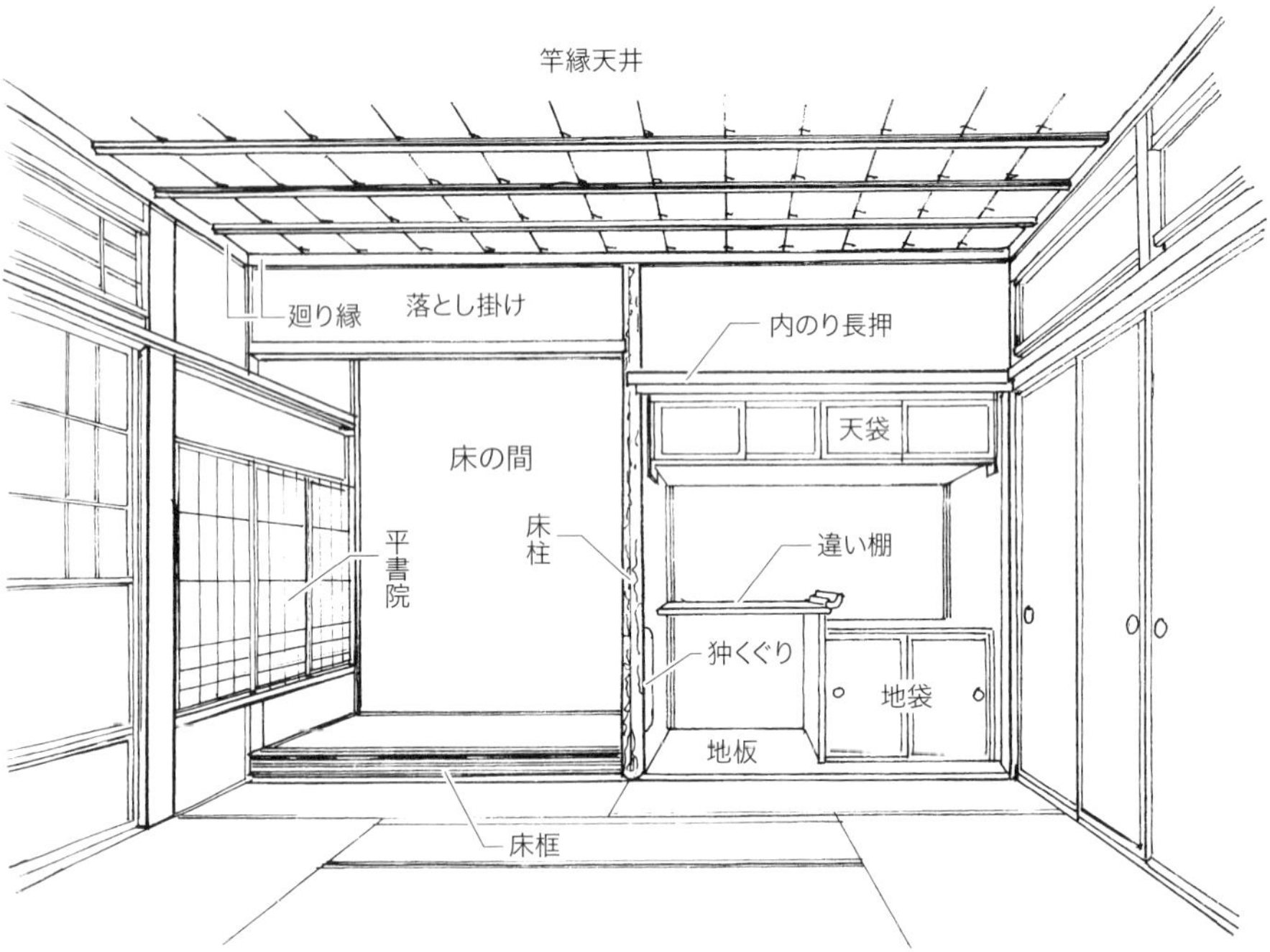

図34　床の間の図

く、バランスのとれた品格のある空間を創り出した。建材は旧岡本家のものを取りはずした黒漆塗りの床框を除いてすべて白木であり、じゅらく調の壁が明るさを演出している。しかしこの床の間も年数を経るにつれて重厚な床の間に変化していくのであろう。

　床柱は床の間の象徴的な柱であるが、多くの部材を支える役目も兼ねている。天井の近くから廻り縁、落とし掛け、内のり長押、狆くぐりの上桟と下桟、床框、畳寄せなど、合計8カ所ほどの化粧材を支える柱である。この床の間の造作に棟梁は1週間あまりを費やした。

　ここで使われた仕口（後述）はすべて大入れであった。大入れは廻り縁、長押、床框などの横材の両端を長めに加工し、柱の枘穴に差し込む工法である（図36）。また差し込む部分を金槌《カナヅチ》で軽く叩いてへこませておくと、柱

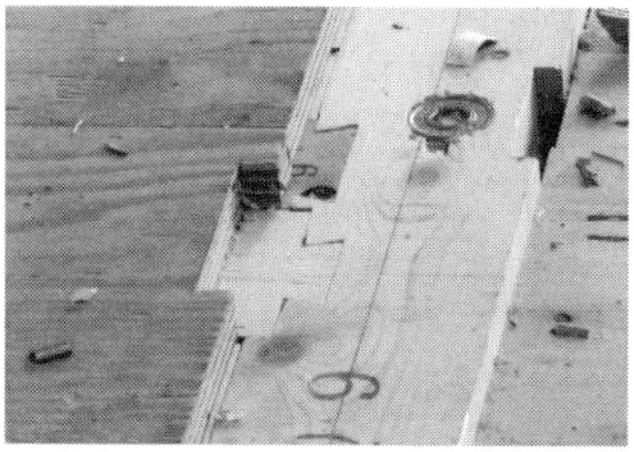

上段右　床柱の型を置いて位置の確認をおこなう
上段左　床柱の表と裏、重心を慎重に見極める
中段右　床柱の天井に位置を確認する
中段左　床柱を建てる位置を確認する。土台の仕口は蟻掛け
下段右　落とし掛け、長押の位置を確認する
下段左　床柱を立て完成後のイメージをつくる

同右、平鑿で深く掘り進む

床柱の下部、脇床側の地板の仕口を加工する

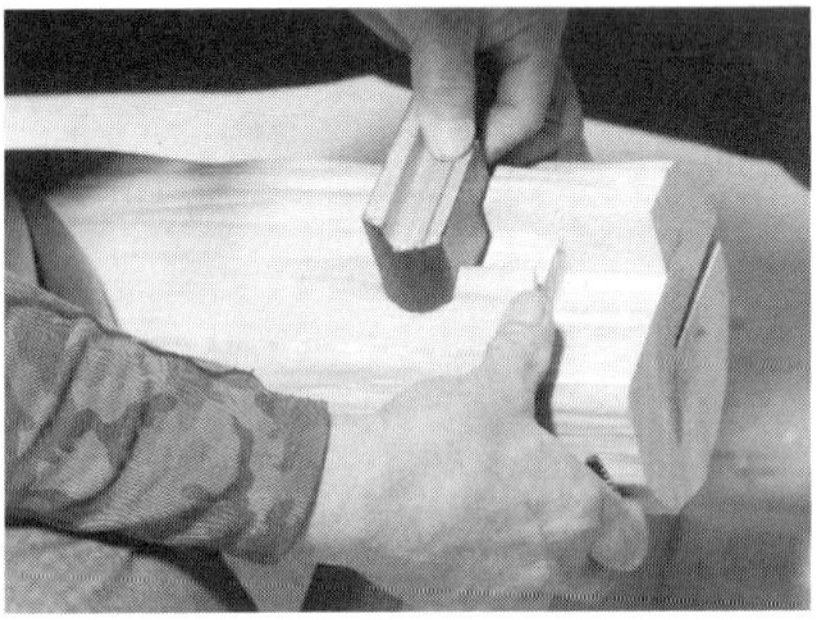
地板の型をはめて微妙な誤差を確認する

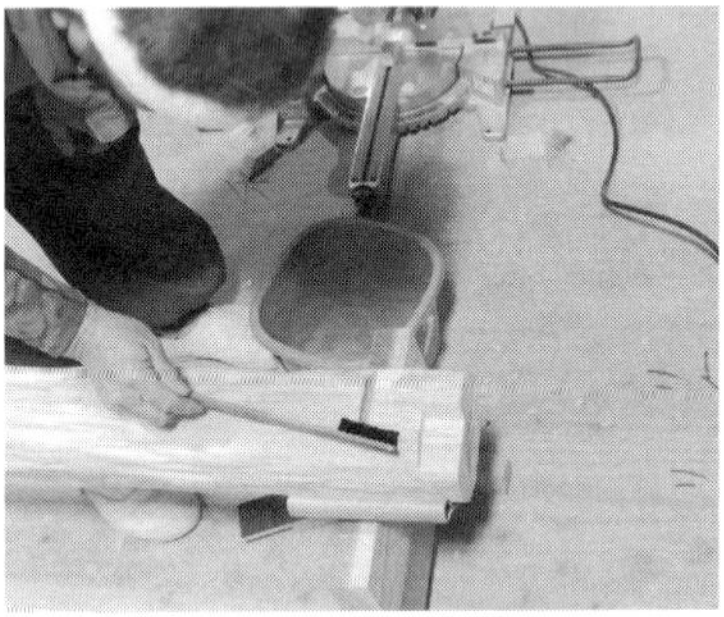
地板が固定されるよう床柱に水分を含ませる

脇床側の仕口の完成

床柱と畳寄せ、地板、狆くぐりを仕上げる

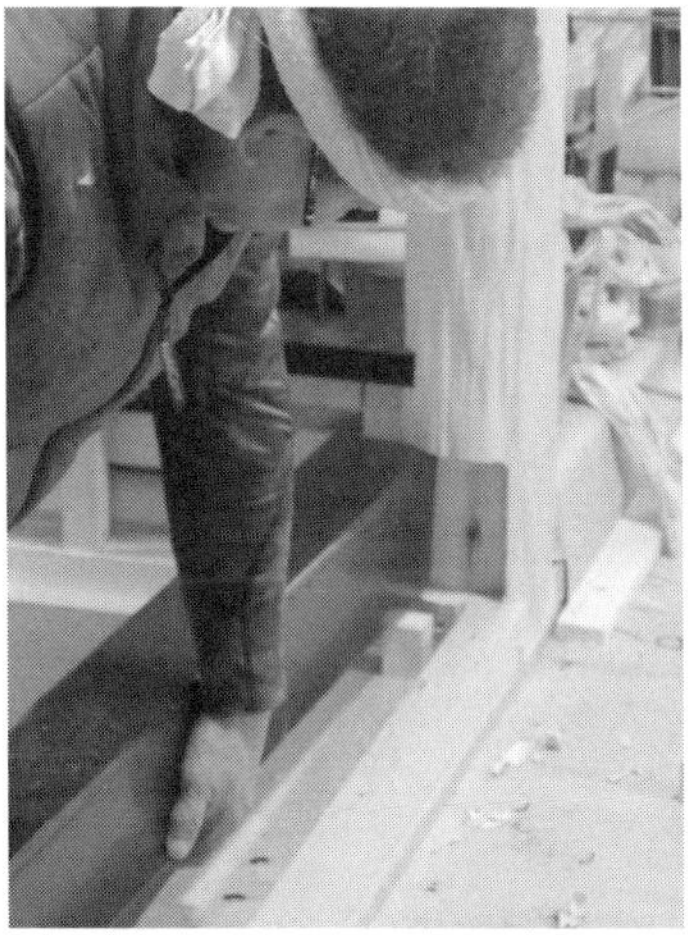
床框を設置して仕口の様子を確認する

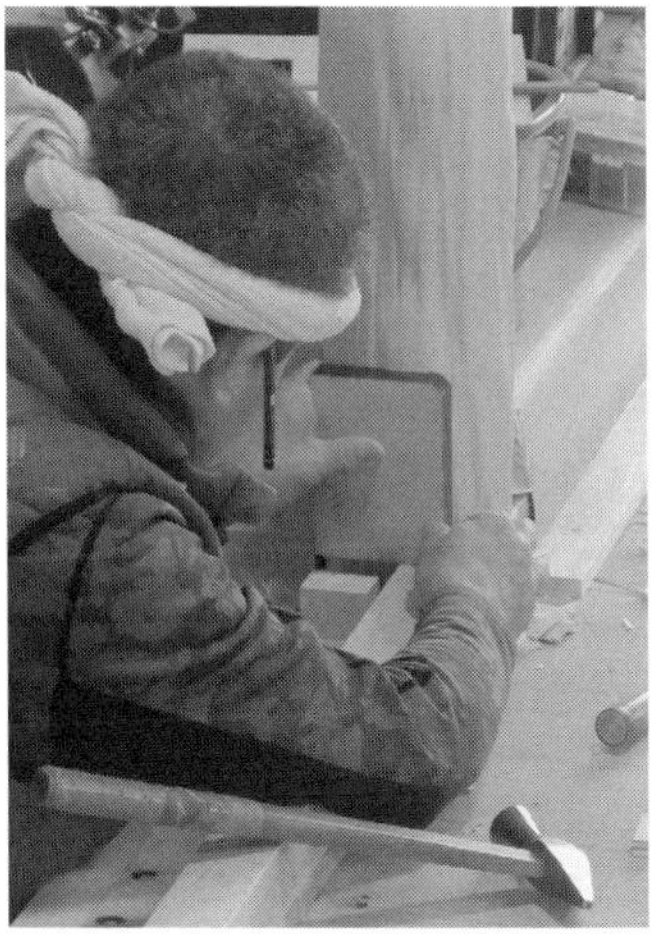
床框の型をはめて位置を確認する

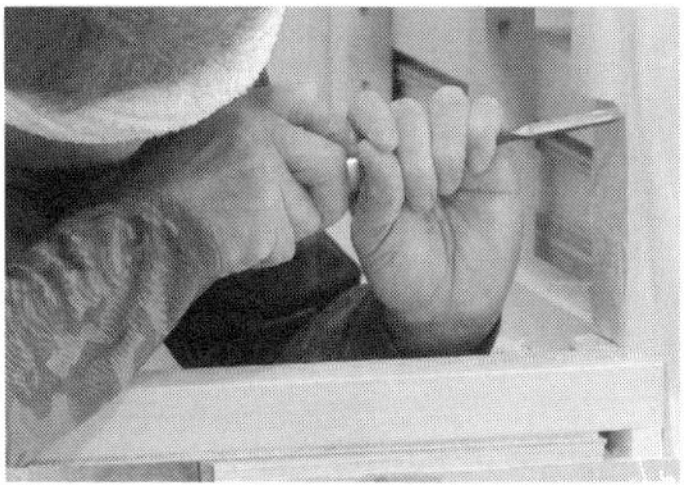
床框の形に沿って慎重に仕口を整える

床框の仕口を平鑿で掘り進む

同上、床の間の造作に1週間を費やした

床框・畳寄せと床柱が寸分の
隙も無く仕上がった

に差し込んだ後に材が元の形に戻ってぴたりと密着する。鴨居などは反らせ気味にして柱穴に叩き込むようにして取り付ける方法もあった。木材の柔軟性を利用した工法であった。

床柱は京都北山の天然みがき丸太が選択された。床柱の造作で神経を使ったのは、凹凸が著しい天然の丸太に合わせる形で各部材を接合することであった。床柱と各部材が互いに強度を保つ仕口で造作されていること、部材と部材が寸分の隙なく、あるいは一定の間隔で接合されていることが美しさにつながっている。

棟梁が床の間の造作に長い時間をかけた理由はいくつもあった。水平と垂直を常に確認し、すべての部材と装置を正しい位置に正確に納めることに努めた。狭い空間なので、寸法や角度のずれが目立つからである。その中で曲線と直線を組み合わせるという難しい作業があり、継手と仕口も時間をかけて加工をおこなうなど、美しい造作材を生かすことを思考した。そして見事な座敷を造り上げた。木割りを重視しつつ棟梁のバランス感覚と美意識が存分に発揮された床の間に仕上がっている。

(5) 天井の造作

天井は竿縁天井、目透かし天井、格縁天井のほか数種類があるが、一般住宅では前二者を採用する例が多い。このうち竿縁天井を取り上げると、天井板を支える竿縁も基準となる寸法がある。竿縁の成(背の高さ)は廻り縁の0・6倍、幅は竿縁の成の0・9倍、もしくは同等とする。廻り縁の成は柱幅の0・4倍から0・5倍となっているので、四寸の柱であれば4㎝8㎜~6㎝になる。仮に6㎝とすると竿縁の成は3㎝6㎜、幅は3㎝2㎜、もしくは3㎝6㎜ということになる。

令和の町屋の床の間（写真／共和木材工業株式会社）

現在一般に使われている竿縁の断面は成のほぼ中心から15度前後すぼめた形で、猿の顔に似ているので猿頬面《サルボオメン》とよんでいる。猿頬面の上面が2㎝7㎜角の場合は下面が1㎝5㎜角、成が3㎝3㎜ほどになる。一般に猿頬面にするときは、成を幅の2割増しにするとバランスのとれた天井になるともいわれている。この方法では竿縁の成は3㎝2㎜という数値になる。

竿縁の数値は廻り縁の数値と関連し、廻り縁の数値は柱と関連していることがわかる。このほかにも天井には以下のような工夫がなされている。通常竿縁の下面は柾目にするが、天井板が柾目の場合は板目にすることがある。床の間のある座敷は、竿縁は床の間と並行に流すことが原則であり、竿縁と竿縁の間隔は通常六尺（1m80㎝〜1m82㎝）を四つ割りにして造作がおこなわれる。また天井板は埃が落ちないように少しずつ重ねて、陽があたらない方（奥の側）から陽があたる方

（廊下側）へと葺いていく。すると太陽の動きにより、繊細な陰影が出現する。機能と遊びが共存しているかのようであった。

(6) 継手と仕口のこと

座敷や各部屋に吊り天井が普及していくことで、建物の屋台骨である構造体が隠れることになるが、構造体を美しく見せる工夫はなされてきた。旧岡本家の玄関は広い土間と縁で構成されていたが、その天井は二階の床板を支える大きな梁が露出した状態であった。このような天井を大和天井とよんでいる。梁を構造材としてだけではなく化粧材としても機能させた造りであった。

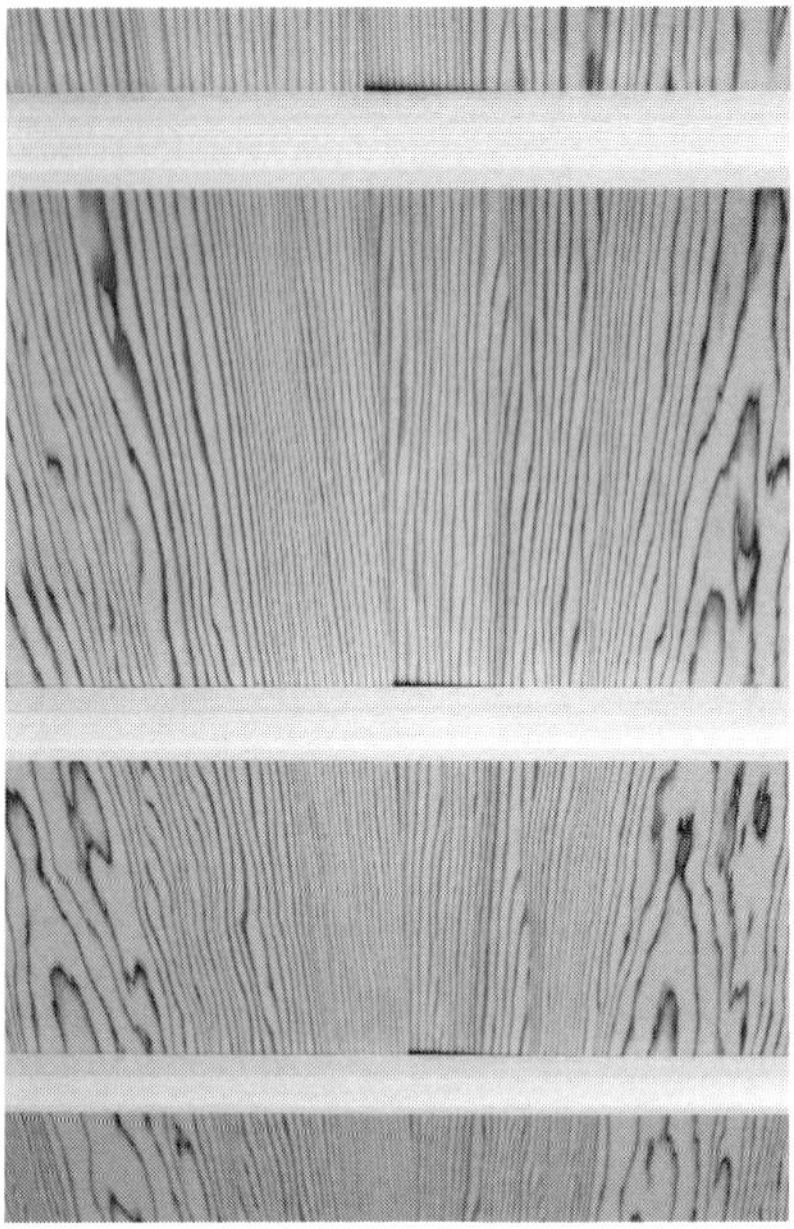
天井板の間に繊細な陰影がみえる。松葉という

竿縁の断面を猿頬面という

町屋の通りニワの上は吹き抜けで、その構造体が美しい

床梁が露出した旧岡本家の土間の天井。大和天井という

また町屋の通りニワの上は吹き抜けである場合が多く、豪快な小屋組みを仰ぎ見ることができる。この例も構造材と化粧材を兼ねている典型的な例である。

さて継手と仕口が多様化していったのは建具や天井の設置等、造作の進化があげられる。部屋に板戸や障子が入り天井を張るようになると、敷居、鴨居、廻り縁、竿縁、長押が設置され、床の間が付くようになるとさらに多様な部材を必要とし継手も仕口も複雑になっていく。今日確認できる基本的な継手と仕口は22を数え、歴史的に使用されてきたものを加えると30を数える。これらが組み合わされることで造作はさらに正確さと耐久性を増すことになった。

継手は材と材を角度をつけずに接合すること、仕口は角度をもって材を組み合わせ接合することの総称をいう。継手と仕口は、基本的には木造建築を構造体として成立させるための技術であり、貴重な建築材を有効に活用するという利点があった。

継手と仕口は①引っ張る力に抵抗する、②曲げの力に強い、③継ぎ目をすっきり見せる、④材と材のずれを防ぐといった構造的、装飾的な役割を持っている（大工道具研究会２０１２）。先の床の間を中心とした造作は、①から④までの要素を十分に満たすものであった。

継手と仕口の多様化は木造建築を支える構造体としての役割と共に、建築物の品格を高めるための役割も果たすようになっていく。ここでは床の間の内のり長押と天井の廻り縁の実際についてみていく。一見すると実に些細な部分にみえるが、そのような所に高度な技術が投入されていることがわかる。

内のり長押は鴨居の上に取り付ける造作材である。床脇の上部には天袋が付くので、床脇の長押は天袋の鴨居の上に付けられる。この長押を床柱の正面で留める形式があり、これを「ひな留め」という。

ところがそのままでは長押の木口が見えてしまうので、長押と同じ木目の木を用いて木口をきれいに納める方法がとられた。

ひな留めは長押の木口に直角の材を隠し蟻《アリ》という仕口で留める方法で、「隠し蟻ひな留め」という。「留め」は二つの材をある角度で接合するとき、角度を折半して接ぎ目をすっきり見せる方法である。隠し蟻留めは、留めとなる二材の木口の内面に蟻柄と柄穴を施し、外から蟻が見えないように加工した継手で、「隠し蟻柄」ともいう(図37・38)。床柱と長押の接合部分を美しく納める方法の一つであった。

正式な座敷に設置される廻り縁と長押の仕口として「目違い本留め」がある。この仕口は男木と女木とで成っている。男木の工作面は凸型に加工されるが、その突出部分の三面、もしくは四面が女木に包まれる状態を目違いという。ちなみに枘《ほぞ》は凸型の五面すべてがもう一方の材に包まれた状態をいう(図36)。また「留め」は先に述べたように、二本の材を角度をもって接合することで、一般には双方の端を45度に切断して継ぎ合わせることが多い。隠し蟻ひな留め、および廻り縁や長押に使われる目違い本留めは③と④の役割を担っている。

目違い本留めは「目違い」と「留め」の複合形態であるが、「本留め」はさらに複雑な工程を経て加工される。その形を示したのが図39である。目に見えないところに繊細な技術と工夫が凝らされており、正式な座敷が成立していることが理解できる。座敷を構成する廻り縁や長押は化粧材にあたり、精密な加工を施すことにより端正で品格のある座敷が造作されるようになった(図33)。

現在は強力な接着剤が普及しているので継手や仕口を使える職人が少ないと聞いているが、接着剤は時間を経るにしたがいいずれが生ずる場合がある。その時は解体して造作しなおすことになる。継手や組

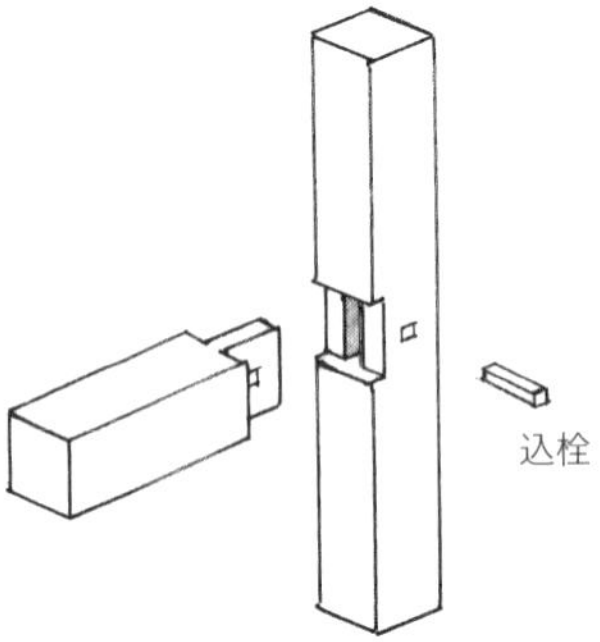

図36　大入枘差し

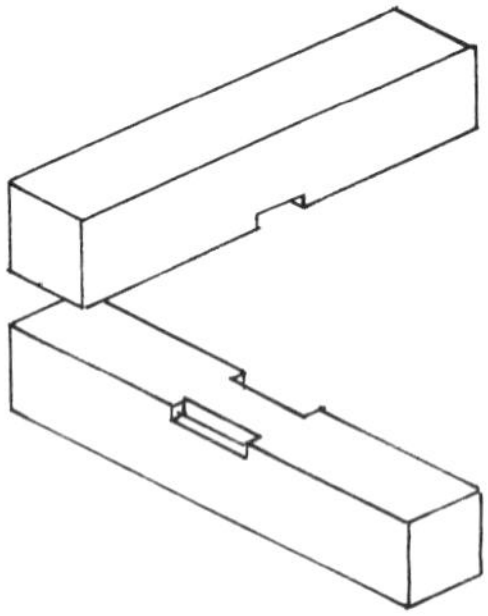

図35　渡腮《ワタリアゴ》

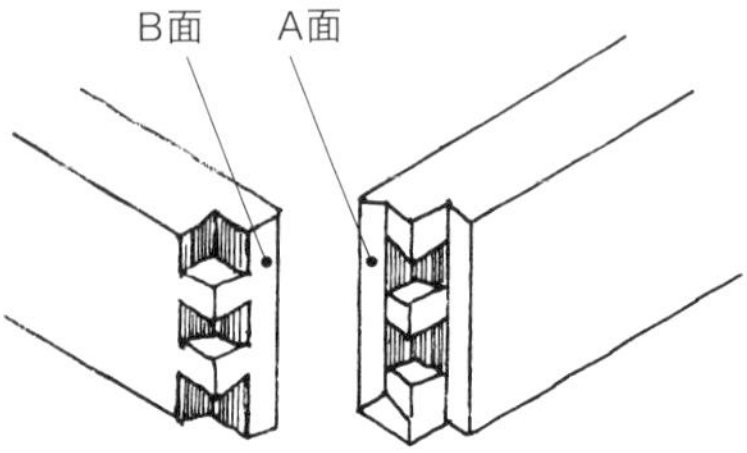

図38　ひな留め

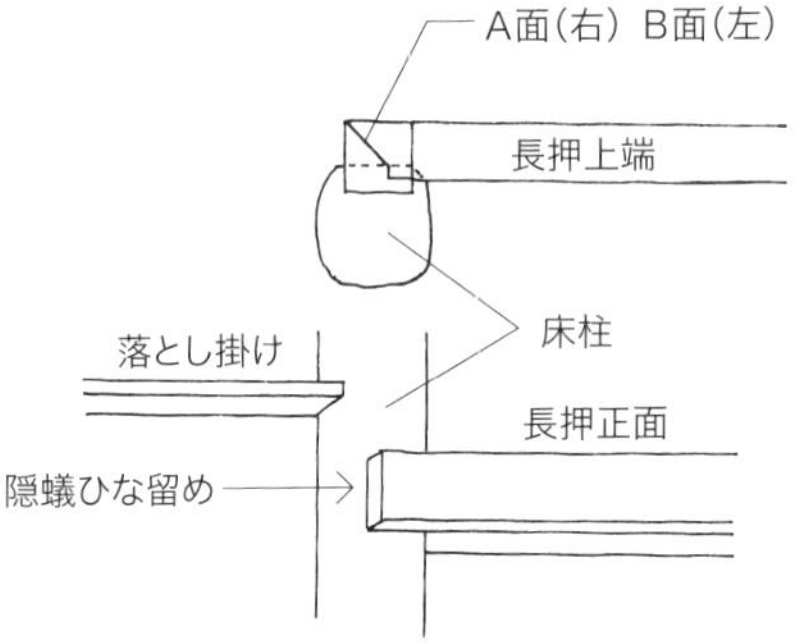

図37　隠蟻ひな留め

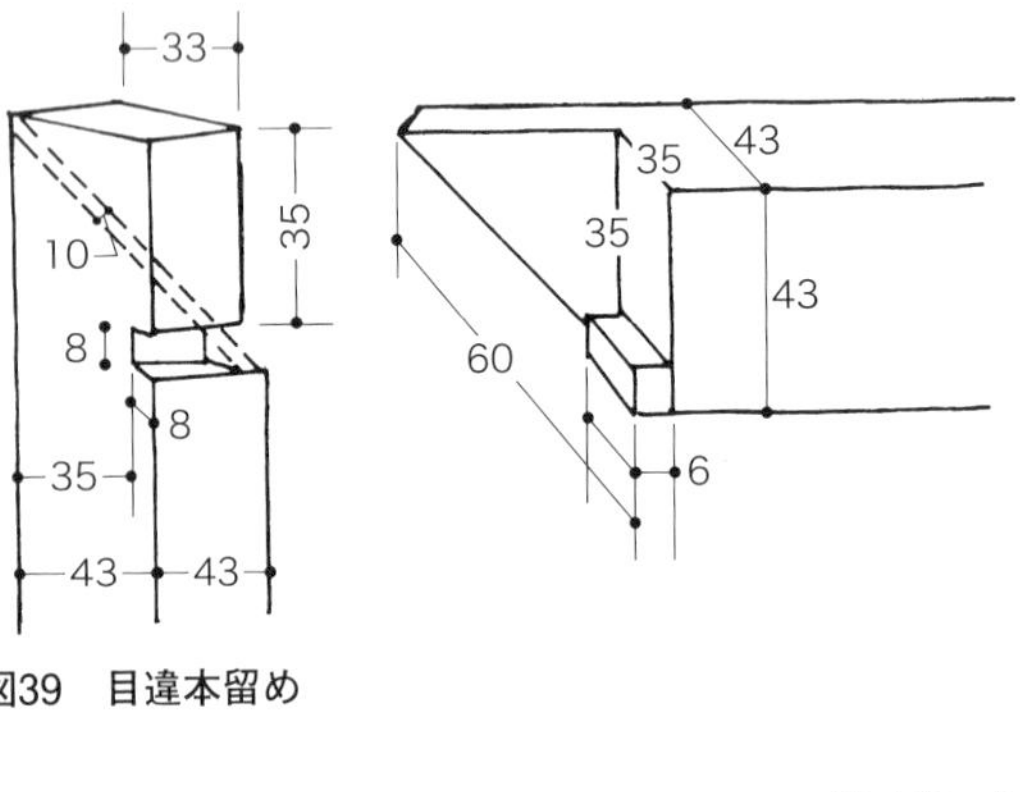

図39　目違本留め

手を使用した場合は、材自体に狂いが生じなければ本来の堅牢性と美しさを保つことが可能である。それは今日まで存在する古民家が証明してくれている。建具の場合は部材を取りはずして再加工する、またその部品だけ取り換えることが可能であり、伝統的技術にはその技術が存在する必然的な意味があったことが理解できる。

3　日本は造形の国である

(1) 職人技術の伝統

解体作業、基礎工事、木工事の見学をとおして強く印象に残っていることは、職人の仕事の正確さと仕上がりの美しさであった。このことは大工職、左官職など建築に携わる職人だけでなく、各種木地物、漆器、指物、桶・樽、家具、陶磁器、鉄器、鋳物類など、もの作りに携わってきた多くの職人にも通ずることであった。ものを作る側の職人だけでなく、それを使う側の人びとにとっても正確なもの、美しいものは好まれ、喜ばれてきたのである。

製品が商品として流通するには、ほとんどの人びとがその製品を受け入れ、使いこなせることが前提である。日本においては建築や木製品をはじめとしてさまざまな製品を製作する職人がおり、それらを使いこなすことのできる人びとが多くを占めていた。常民文化とはこのような文化現象をいうのであろう。

常民文化が浸透した社会は成熟した社会であり、そのような社会は技術の粋をきわめた優れた作品を生み出す力を持っていた。時代をさかのぼっていくと、たくさんの優れた作品が残されていることがその証ではないか。筆者にとってこの問題について的確に応えてくれる書物が亀井勝一郎著『日本人の精神史』であった。そこでは次のように述べられている。

「日本は、宗教の国でも思想の国でも文学の国ですらない。何よりもまず造形の国ではないか。（中略――）日本人の精神史を解く大切な鍵のひとつがここにある」。

「造形に必ず伴う必要性のために、正確さへの厳しさを求めたという点で合理的で理論的であり、抽象化能力もこの面ではいかんなく発揮された」

古来より仏教思想が浸透し、優れた思想や文学作品が生み出されてきた。しかしながら各時代において、思想や文学をはるかにしのいでいるのは造形芸術である、というのである。

この書物は、約50年前の昭和49（1974）年に刊行されたもので、若いころに一度読んだことがあったが、内容のほとんどが頭に入っていなかった。この度「職人の仕事がなぜ正確で美しいのか」について考えていた時にこの書物を思い出したのであるが、その中に日本人が美しいと思っている事柄が列挙されていた。たとえば神社仏閣等の古建築をはじめとして、彫刻、絵画、庭園、工芸品のほか、正倉院に納められている刀・甲冑などを含めると無尽蔵であるという。

私たちの身近にあるものを確認すると、確かに造形的に美しいものが溢れていることに気づく。近年

富山県南砺市城端別院善徳寺楼門

富山県高岡市勝興寺本堂

は観光問題が深刻になっているが、依然として京都や奈良に人がたくさん訪れるのは、長い歴史を刻んできた神社仏閣、芸術性に優れた織物、染物、焼物、漆器、人形、そのほか多くの工芸品を鑑賞したり、静かな寺の庭園でひと時を過ごしたり、古い街並みを散策したりすることができるからであろう。

小京都とよばれる町が観光地として人気があるのも同様の理由であり、その一方で地域を活気づけるためにかつての民家や町並みの復元に力を入れてきた町村も少なくない。中山道の長野県旧妻籠宿、馬籠宿、日光街道（会津西街道）の福島県大内宿、石見銀山の島根県大森町、藍で繁栄した徳島県脇町、弁柄の一大産地であった岡山県吹屋などが頭に浮かぶが、地域に存在していた造形物が人びとの手によって再生され、磨かれてきた例はこのほかにもたくさんみられるはずである。

その根底に流れているものが、長い間日本人が磨き、継承してきたもの作りの姿勢であった。古建築も美術品も工芸品も、過去においてはその多くは実用品であった。実用品であれば使いやすく、美しく、丈夫で長持ちするものが好まれる。そのようなものを作る職人の頭の中には基本設計書が刻み込まれており、その設計書に沿って忠実に、そして正確に工作していくことが当然のこととしてなされてきたのである。

正確な仕事によって生まれた作品は美しい。仕事の正確さは職人の持つ合理性につながっている。あらかじめ仕事の工程を把握し、材料の調達と道具類の準備をおこない、適切な場所と時間にそれらを配置する。作業中の動き方にまったく無駄がなく、その動きが合理的で美しささえ感ずることがあった。動きが美しく始末が良いということは、仕事の正確さの表れでもある。

もの作りの歴史は古代までさかのぼる。例としてあげられるのが横軸の轆轤《ロクロ》で製作された「百万塔」

とよばれる１００万基ものヒノキ製の小塔であった。平均して高さ21㎝４㎜、基底部の径が10㎝５㎜の三重の塔で、均整のとれた美しい形をしている。相輪をはずすと中が空洞になっており陀羅尼経が収められている。天平宝字８（７６４）年、称徳天皇の発願により製作が始まり宝亀元（７７０）年に完成し、南都十大寺に10万基ずつ安置された。

長野県木曽郡南木曽町妻籠宿

福島県南会津郡下郷町大内宿

徳島県美馬市脇町

百万塔の模型
（東近江市能登川博物館蔵・写真／高田　清）

この１００万に及ぶ塔は、正確には５年８カ月で完成したといわれている。今日この小塔と同じものを製作するには、いかに腕のいい職人であっても１基あたり７時間から８時間はかかるという。石川県山中塗の工匠川北良造氏による。ほぼ１日仕事であろう。１人の轆轤工が毎日製作に従事したとして、５年８カ月で制作できるのは２０００基あまりであり、百万塔を期限内に完成させるには、概算であるが５００人の轆轤工が必要であった。加えて当時の轆轤は手引きであったから、轆轤の軸に綱を巻き、その綱を引いて軸を回転させる人が最低１人は必要であった。合計すると１０００人あまりにのぼることになる。このような技術者が当時の日本に存在していたことに驚きを覚える。

以上のような計算は的外れかもしれないが、職人の心構えと技術の高さを感じ取ることができる数値であろう。作業自体は地味であり、常に水平と垂直方向を確認しながら木材を削り出し、前に進んでいくという動作を忍耐強く積み上げることで成り立つ仕事であった。この度体験した解体、建築の一連の作業を通して思い起こされることは、１３００年ほど前の職人と現代の職人の姿は共通する部分が多いのではないか、ということであった。

（2）日本家屋に対する遠い記憶

日本の家屋は住居としての役割のほかに、さまざまな役割があったことが知られている。広い土間は多様な作業の場であった。各家で冠婚葬祭がおこなわれた時代はすでに去っているが、田の字型間取りはそのような状況を想定した造りであり、今日なおその伝統を残している家屋は少なくない。柱割制（芯々制）が続いた東日本においては、大きな広間と座敷の一部がその役割を果たした。

江戸時代はほとんどの武士が城下町に集住し、給与生活者として生活するようになる。そして家屋の規模や様式が定着していく。たとえば津軽藩では百石前後の俸給の武士がもっとも多くを占め、三五坪から五〇坪ほどの屋敷に住んでいたという（平井１９７４）。これらの武士の家は日常生活の場のほかに必ず座敷を備えており、その座敷には床の間を設けていた。この形が近代の住居に引き継がれた。

近現代においては第二次・第三次産業で働く人びとが増加し、家の機能は日常生活の場、また安らぎの場に限られていった。そのような生活の変化にともない、玄関をのぞいて広い土間を必要としない住宅が圧倒的多数を占めるようになった。しかし今日なお商家や給与所得者、農家においても、床の間や書院のある座敷を備えた家は少なくない。本書で取り上げた旧岡本家も同様であった。その理由は接客の場を大切にするという慣習が人びとの間で継承されているからであろう。

正式な床の間や脇床が設置できなくとも、ものを飾る習慣は現在なお健在である。かつてはこけしなどの土産品のほか、七五三や成人式等、人生儀礼の際に親族から贈られた人形などを飾る家が多かった。時代をさかのぼると、脇床には中国などからもたらされた調度品を飾り、家格や経済力の高さを誇ったとされているが、今日では家族にとって大切なものを飾り楽しむことが継承されている。

また洋風の住宅が全国的に普及している今日においても、履物を履いたまま家に上がる人は皆無であるといっていいし、よその家に上がるときは履物を揃える習慣は幼いころから教えられている。新しい家を建てるときは、余裕があれば畳の部屋や床の間が欲しいという人は少なくないであろうし、新調した畳の香りに懐かしさを覚える人も少なくないであろう。日本人の中に遠い昔から積み上げられてきた記憶が、現代においても生活意識として色濃く反映されていることを感ずる。

床柱の芯を見極めて墨をうつ

解体から再生へ
――職人としての生き方に教えられて――

横田雅美

棟梁の作業の見学は、息をのむような緊張の連続であった。墨をつけた所をノコギリで正確に挽き、カナヅチでノミの頭を叩いて木を刻み、ノミで木を刻み、表面を削り、繰り返し確認をしながら、納めるべき場所に部材を納めていく。気が付けば、一か所の作業で2時間近く過ぎていたこともあった。時々手を休め外にでて煙草を吸う。手をとめているときも、何か深く考え次の段取りをしているようで、簡単には声をかけられなかった。同じことを繰り返し正確にこなす作業というものは、忍耐力と集中力が必要なのだと思った。

廻り縁を納めるための目違い本留めの刻み作業では、何度も見ているにもかかわらず、私にはどうしても途中から工程を追うことができなくなっていた。45度に墨をつけ、角材の向きを確認しながら上下左

大根で作製した目違い本留めの模型

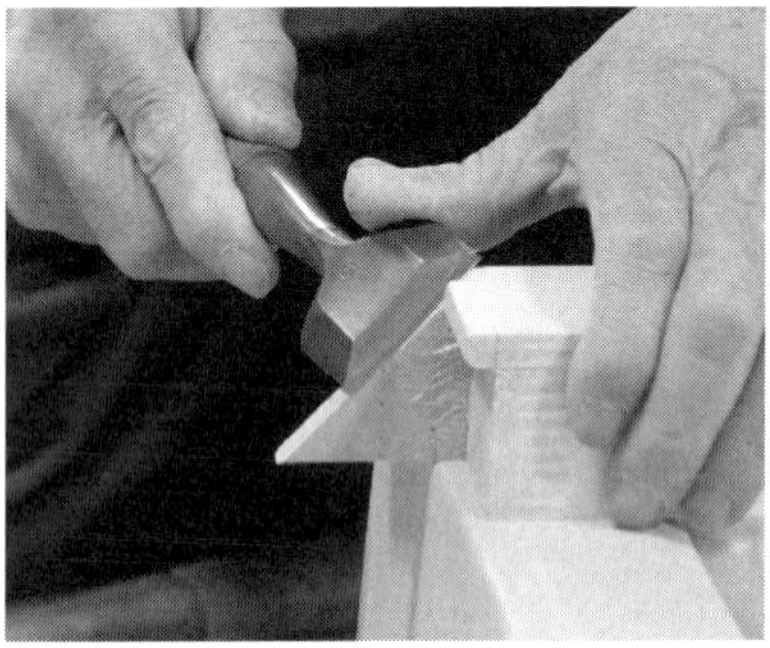

目違い本留め（男木）

右からノコギリをいれると、きれいな三角に角材が切り落とされるのが、不思議でしかたがなかった。2種類の異なる形の木を組むと、どうして簡単にははずせなくなるのか不思議でしかたがなかった。棟梁の頭の中には常に完成した立体の形がイメージされているのだという。一寸五分の角材を、男木《おぎ》、女木《めぎ》と呼ばれるそれぞれの形に立体的に加工する。そしておのおの四方から確認しつつ、必要な刻みと調整をし、仕上げていた。

棟梁が目違い本留めの模型を作ってくれたので、持ち帰り分解し何度も組み上げてみた。比べものにはならないと理解しつつも、加工しやすい材料として大根を使い、同じ形に削る練習をした。大根を何本も削り、同じような形を作製して組んでみた。その結果、それぞれの面が互いの面を押し合い支え合うことで、2本の部材が固定されることがよくわかった。ノコギリとノミで直角と45度の辺を刻み、すいつくような平らな面を作り、組み合わせることが求められることを理解した。

棟梁の話にでてくる言葉を理解し、道具を実際に見たいと思い、竹中大工道具館（神戸市中央区）に行き、仕口や継手の模型を組んだりは

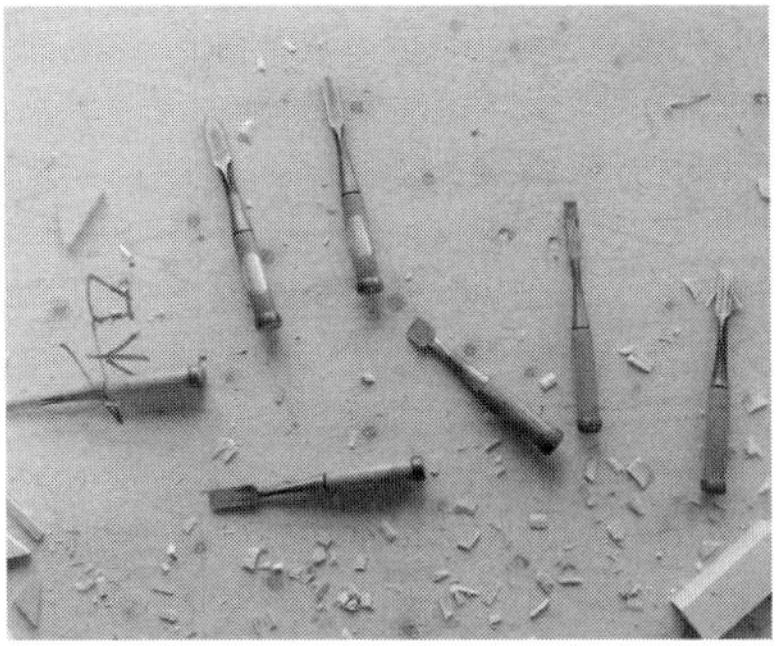

棟梁の道具　作業中は同じ場所に置き無駄な動きをしない

よく研いだノミで正確な位置を刻む

ずしたりしてみた。そこでは、ある方向からの力にはとても強いにもかかわらず、他方から特定の場所に力を加えると、簡単にはずせることを実感した。このような木組みが何種類も組み合わされ、互いの木が押し合い支え合い組み合うことで、頑丈な構造物が作られている。

一方向からの面だけを作るのではなく、いくつかの違う方向からの面を複数か所作ることで、安定性を高めた木組みが可能になる。最後に納めた仕口に竹の矢を打ち込み、複数の面が動かないように安定させていた。その矢は竹を細く割り、一方の先端をさらに細かくした形をしている。手にした木のどの面を残しどの面を取るのか、いかに美しく効率よく支え、無駄のない面を作り出すことができるのか。先人の技と知恵、美意識と経験が木組みという形になってあらわれていると感じた。厳しい修行の中から学びを深めた現代の大工へと、技術と精神が引き継がれていることを教えられた。

「道具は手の延長だよ」と棟梁はよく話していた。仕事中ノミが切れなくなると、家の前にシートを敷き、砥石を並べ、砥石の前に正座をし、静かにノミの刃を確認しながら研ぎ、研ぎが終わると刻みの仕事にもどっていく。これを繰り返していた。刃先だけを研いでも刃がボ

框の位置を確認し、床柱にノコギリを入れる

右）平書院の建具の計測
左）建材の納め方に応じて鉛筆の芯の太さを調整する

ロボロになるだけで、まっすぐに木を刻むことはできない。ノミの表と裏の両面を平らに研ぐ必要がある。刃を研ぐと、先端に「刃がえり」という刃先が反り返る状態ができる。これを「バリ」と呼ぶが、今度は刃を裏返して、その「バリ」もきれいに研がなければならない。むやみやたらに研いで刃を減らせば、ノミの寿命をそれだけ短くすることにもなるので、必要な研ぎだけをおこなうことを教えられた。

一定の角度で同じ力で均一に研ぎ続けることは、大変難しい作業であることが理解できた。研ぎ台の正面に正座し、呼吸を落ち着かせ、体の中心がぶれないようにして研ぐ。その姿勢は非常に美しかった。姿勢も研ぎの質に大きくかかわることも理解できた。初めて見学させていただいた時の私のメモには「書を書いているようだ」とあり、後日のメモにも「まるでお茶をたてる時のような美しい姿勢でノミを研いでいる」と書いていた。静かな美しい姿勢と、心を平静に整え道具と向き合う姿が、よほど印象に残ったのだと思う。

人によって道具の使い方には個人差があり、砥石は自分専用のものを使用し人に貸すこともないという。砥石の面がへこんでいたのでは、刃を平らに研ぐことはできない。砥石も面《つら》を直し平面にしなければならない。また棟梁は「刃の面が完全に平面になるように研ぐと

旧岡本家の床框の再使用

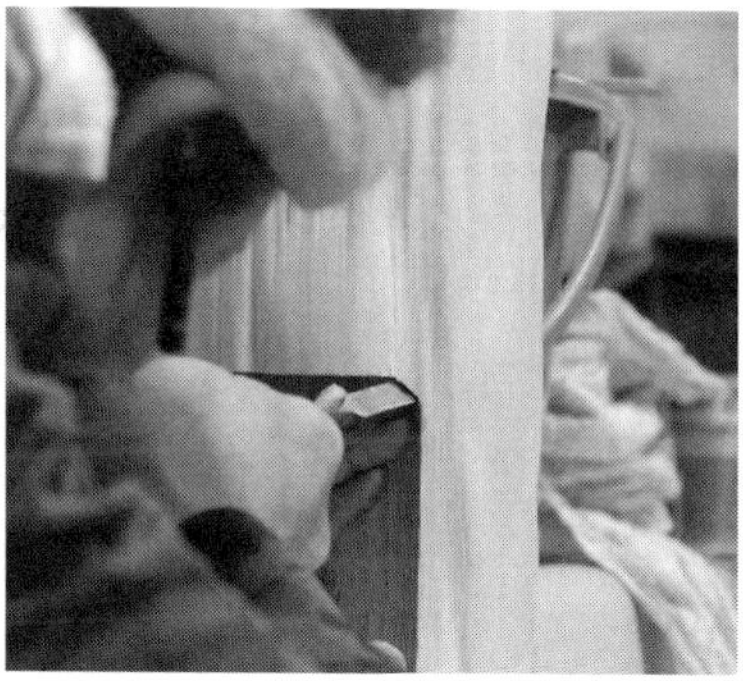
年月の経た框のねじれを計算にいれ、何度も調整をする

いっても、ただ平面になれば良いのではなく、材を傷つけないように、ごくわずかに刃の中心をくぼませるようにすることもある。ノミの一番大切な部分は刃の両端だ」といわれた。これは材を正確に刻むために必要なことで、とても言葉で言い表すことはできないわずかな調整の話である。長年培われた経験があるからこそできる職人の繊細な仕事である。良い仕事をするためには、道具を最善の状態にしておくことが大切であり、多くの時間を道具の手入れに費やすことを知った。「道具には職人の魂が入っている」という言葉に納得した。宮大工の世界では、穴ほり三年、ノコ五年、墨かけ八年、研ぎ一生という言葉があることも教えられた。

大工は木を単なる木としてではなく、生きている樹のように扱い、新たに木に息を吹き込み、木を活かす仕事だと感じる。木に捻れが生じていても現場でそれを確認しつつ、正面からみた時に違和感がないように納めるために時間をかけていた。「木が暴れる」という言葉も教わった。年月が経った時に、組まれた木がどのように変化するかを考え、そのようなことを計算にいれながら作業をしている。ただ組むのではなく、「その時の木の状態によって作業のすすめ方が異なる」と

根曲がりなど天然曲木の強さを活用する

話してくれた。古い家では、大きく曲がった木がそのまま屋根を支えるために利用され、家の一部になっているのを見たことがある。木は曲がりの背側からの力に強く、その曲げの強さを利用して建てていると聞いたことを思い出した。「木は生えているように使え」という言葉の通りであると思った。生き物の特性は「同じものは一つとない」ということ。一本一本の特性や状態を見極め、変化を想定し作業していくことが、その樹を木として新たに活かすことにつながるのだろう。加工するための道具の特性を知り、道具を自分の手のように正確に使い分ける技術、大工としての技術があってこそ、適材適所に木を用いて建てていくことを可能にするのだと思う。

棟梁は技術の習得だけではなく、物事を整える大切さも学んだことを示してくれた。仕事に一区切りがつくと、その場を掃除し、きちんと場を整え、準備をしてから次の作業に入る姿から、「整える」ことが、正確さと安全を兼ね備えた仕事につながることを教えられた。棟梁の姿勢からは、「おやっさん」と呼ぶ師匠をとても尊敬し、修行時代に学んできたことを、今も大切にしている様子がいつも伝わってきた。

「（基本を習得する前に）楽をすることを先に覚えてしまうと逃げてしまうから、若い時に楽を覚えてはいけない」とも話してくれた。「若い時に苦労して覚えたことは一生の宝だから」と、職人としての誇りを大切にしていた。

見学中、地域の方々からは「今はなかなかこういう仕事は見られないから、しっかり見せてもらいなさい」「これは壁土のにおいだね」「僕たちの若いころはみなこういう仕事をしていたんだよ」とたびたび声をかけられ、励ましていただいた。このような職人の作業風景は、昔はもっと身近によく見られた光景だったのではないだろうか。スーツケースをもった海外からの団体客も、大変興味深そうに足を止め作業を見ていたことがあった。

家が完成してしまうと表からは見えなくなってしまう作業箇所も多い。見えないところであればあるほど重要な場所であり、徹底的に時間をかけ、丁寧に作業がなされていた。家が建つ前の解体工事、新築前の基礎工事も同じように丁寧な作業であった。それぞれの分野を担当した職人は仕事を真摯に正確にこなし、次の職人へと仕事を引き継いでいた。仕上げられた美しい建物には、職人たちの技術の結集と、一人一人の職人の誇りが込められていることを忘れないでいたいと思う。

最後になりましたが、このたび筆者の願いに応えてくださり、見学することを許してくださった棟梁をはじめとして職人のみなさんに心から感謝を申し上げます。

ありがとうございました。

研ぎ一生

刃先を指で触れ研ぎを確かめる

刃裏側から研ぎを確かめる

砥石の表面を平らに研ぎ直す

仕上げみがき

よく研いだノミは半紙をきることができる

中研ぎ砥石(左)と仕上げ砥石(右)

玄関前の配された研ぎ場
ノミが切れなくなるとこまめに研いでいた

砥石(修正用)

違い棚の造作

右の板を仮設置後
まん中にあたる上段の板をとりつける

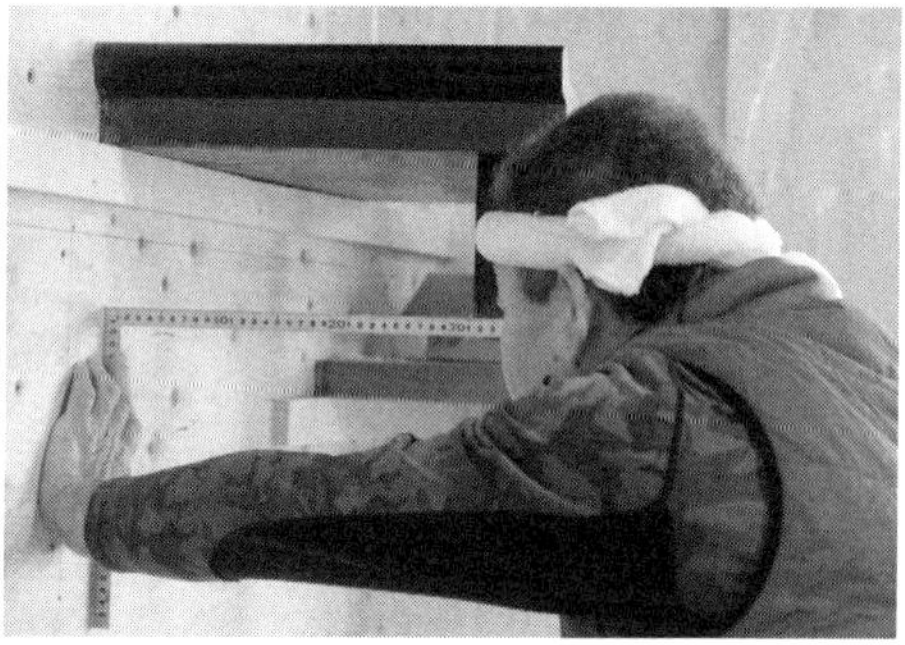

棚板の前面をそろえる

一番左の棚板

棚板の端材を使い形態を確認する

棚の形態に合わせて柱に刻みをいれる

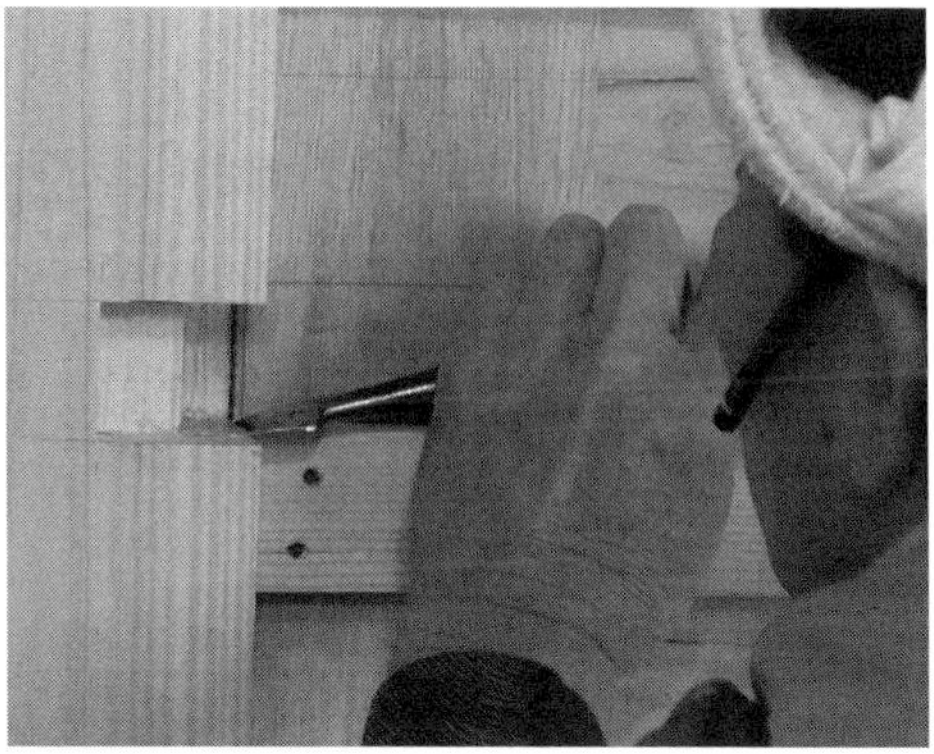
ノミで刻みの微調整をする

海老束を差し込む

旧岡本家の違い棚の再使用

おわりに

井神通りに面した旧岡本家が解体に至った理由は次のとおりである。井神通りはまっすぐ東西に延び日吉大社に通ずる道であった。古くからの参道ではないが、この道が作り道に代わり新たな参道としての役割を果たすようになったのは交通事情による。明治13（1880）年に国鉄東海道線京都・大津駅間が開通したことで、京津電気軌道（のちの京阪電鉄）と江若鉄道により浜大津を拠点とした路線の開発がおこなわれた。

江若鉄道は大正10（1921）年に浜大津・坂本間の開業にともない、現在の下阪本4丁目付近に叡山駅を設置し、大正12年に雄琴駅まで延長されると叡山駅は移動し日吉駅に変更された。日吉駅は今日のJR比叡山坂本駅にあたり、井神通りの東の起点としての存在になった。次いで昭和6（1931）年に浜大津と今津の間が開通、そして昭和44（1969）年に江若鉄道は国鉄湖西線として営業が始まる。湖西線は京都と湖北地方、および若狭地方を結ぶ鉄道として今日に至っている。

京阪電鉄は石山寺駅と坂本駅を結ぶ石坂線が昭和2（1927）年に全通する。この坂本駅は日吉大社に近い井神通り沿いに設置された。京阪石坂線の主要駅は浜大津であり、浜大津で乗り継ぐことで京都の三条へ通ずる。加えて昭和2年には延暦寺の参道の下に坂本と比叡山頂をむすぶケーブルカーが完成した。坂本は文字通り延暦寺と日吉大社の玄関口として新しい姿をみせることになった。そして井神通りは新たな参道として多くの人が通行する道に変わっていった。

しかしこの通りは車道が狭く、しかも歩道がない区間があり、歩行者の安全を確保するために昭和7（1932）年道路の拡幅計画が立てられていた。この計画は平成25（2013）年になって急速に話が進んだ。井神通りに面した住民の多くは「道路拡張に際しては多くの問題があるが、増え続ける歩行者の安全を確保することを最優先させなければならないであろう」という意見でまとまっていたと記憶している。

旧岡本家はこの井神通りの南側に面していた。屋敷のさらに南側に余裕があったため、当初の計画では解体せずに家を後ろに曳くことを提案した。しかしこの屋敷は奥に行くにしたがって幅が狭まっており、現在の建築基準法では建物を曳くことができなかった。実はこの町屋は、筆者の一人である須藤が20年ほど前から住んでいた家であった。

旧岡本家を解体せざるを得なくなった段階で、この家の具体的な記録を残しておく必要があるのではないか、という重要な助言を受けた。そのとき解体の過程を最後まで見届け記録に残すことで、この町屋に対する感謝の意を表することができるのではないか、という想いが強くなっていた。

解体を前にして引っ越しを済ませた後、空洞になった家の実測を始めたところ大きな副産物が生じた。細部を計測していく過程で、今日まで抱いてきた先入観がいかに曖昧なものであり、常識というものがいかに頼りないものであったかを痛感することになったのである。

本文で記してきたように京間の一間の標準は六尺五寸（1m97㎝）、畳の寸法は六尺三寸（1m90㎝）×三尺一寸五分（95㎝5㎜）が標準とされている。また標準的な柱の寸法を四寸（12㎝）とすると、一間の長さが六尺七寸（2m3㎝）ということになる。四寸の柱を使っている旧岡本家の場合は一間が1m99㎝であった。一般的な京間と4㎝の誤差が出たのである。京間という寸法のとり方は柱の太さによって異なるので、確定した数値ではないのではないかと考えるようになった。

京間は畳の寸法が基準ということなので旧岡本家の畳を測ってみると、同じ寸法の畳もあれば、寸法が異なる畳もあった。京間の畳のより正確な数値は六尺三寸（1m90㎝9㎜）×三尺一寸五分（95㎝5㎜）であるが、旧岡本家の一番大きな畳は1m90㎝7㎜×96㎝、一番小さな畳は1m90㎝×95㎝であり、それぞれの畳も微妙に寸法が異なっていた。この違いを誤差として考えて、規格化された畳が入っているとしていいのか、判断できる状態ではなかったのである。

しかも畳の裏には「南二間西床前」「南二間東縁」などと記されており、畳を置く位置が決まっていた。前者は床の間に対して縦に敷いた畳、後者も同様であるが縁側に面して敷く畳であった。また「西川中南」「西中」などと記されたものもある。前者は床の間に対して横に長く敷いた畳で、後者は中央部に敷く畳であった。このようなことは東日本の柱割制（芯々制）地帯に見られる状況と酷似していた。

同じ滋賀県の東部、鈴鹿山地西麓に位置する東近江市蛭谷という村で、本床、書院、違い棚、縁、庭のすべてを整えた正式な書院造の和室を測らせていただいた。この家の一間の長さは2m4㎝～2m5㎝であった。一間が2mを超えていたのである。畳の寸法は1m91㎝×9m65㎝が標準的であったが、1m91㎝2㎜×94㎝7㎜という寸法も含まれていた。このような事例が増えるにつれ、京間とは何をもって京間というのか、畳割制は京都を中心にどのあたりまで使用されていたのか、という疑問が生じていた。

滋賀県の地図をみると、京都から東に向かって比叡山を越えると坂本に至り、坂本からびわ湖を渡って東に進むとやがて鈴鹿山地に到達する。その西麓に蛭谷が立地している。一つの仮説として、京間というのは京都を中心として主に西側に普及したものであり、それ以外の地域では京間は普及していないのではないか。いずれにしても近江地方において内法制（畳割制）がどのように浸透していたのかという疑問が生じたのである。

上記のことは十分精査したわけではないので今後の課題になるのだが、以上のようなことが旧岡本家の解体作業の一切を見届けたい、という動機になったことは事実であった。この問題を追いかけていく中で、町屋と町並みの形成について、さらに日本人の暮らしと住まい、そして住まい方について理解を深めていきたいという問題に広がっていった。

ひとつのテーマを追いかけていくときに常に感ずることは、豊かな暮らしを築くために人びとが積み上げてきた知恵や知識がどのようにして形成され、どのように継承されてきたかという問題であった。この度は町屋という家屋の解体と建設に関わった職人の技術と仕事に取り組む姿勢と考え方、そして町屋を形成した行商人、商人、町人、職人といった人びとの足跡を追うことが主要なテーマになった。

前者に関しては安心して住まうこと、空間を有効に利用し、暮らしやすい環境を維持するという人びとの考え方が一貫してみられた。それを形にするための技術と工具の存在があり、その技術を習得した職人の存在があった。その結果として形になった建築は均整のとれた美しい形を創り出し、総体として日本人の心の底にある想いを表現できているのではないかという印象をもっている。

また後者に関しては不十分な点が多い。しかし部分的であるが、町屋の形成過程が明らかになってきたように思う。そして現代社会の中で町家的考え方がどのような形で継承されているか、また消滅してしまったのかという問題が浮上し、「日本人の履歴」をたどることの大切さについて考えることが多かった。

町屋の歴史と商行為との関係をたどっていく中で、その時代における先進的な考え方や技術を取り入れることで、時代の変化に柔軟に対応していく姿がみられた。そこには伝統的な考え方から学ぶという姿勢と、その中から新しい発想を育んでいくという姿勢がみられた。そのような姿勢は今日においても継承されているように感ずる。

住宅建築において地域の大工さんが伝統的技術を駆使して家を建てていた時代から、住宅メーカーの時代へと移っている。そのため本文でみてきた数々の優れた大工技術の後継者が減少し、いずれ消滅してしまうという危機感が広がっている。大工技術の消滅はそれを支えてきた工具類の製作技術の消滅でもあり、この問題は建築以外の分野にも広がっている。

その一方で日本人の暮らし方を大事にするという考え方が、今日なお生きているように感じている。卑近な事例であるが、大手の住宅メーカーは、大きな資本を投下して工場内で建築部材を加工し、現場では大型の重機を用いて一気に組みあげ、工期を短縮する工法が開発されて久しい。そのようなメーカーにおいても、日本の伝統的住居の優れた考え方を取り入れていることに興味を惹かれる。

高層の集合住宅が増えている今日であるが、限られた敷地であっても一戸建ての家を求める人が少なくない。屋敷地をいかに有効に活用するか、また密集した町並みの中で、いかに光や風を取り入れていくか、という問題は古くて新しい。このような問題は長い時間をかけて町屋が培ってきた機能が有効的に応用されてきたように思う。

狭小間口住宅の課題として、①自然光が室内に入りにくい、②通気が悪く湿気がたまる、③閉塞感や圧迫感があるという問題があり、そのほかにも収納が確保しにくい、生活動線が混線しやすいという傾向を指摘している。その解決案として、京の町屋が経験し、解決してきたことが参考になっているように思う。

たとえば、光や風の問題は京町屋の通りニワが手本になるであろう。吹き抜けの高い天井、高い窓から光と風を取り入れ、快適な空間を作り出している。吹き抜けという高さを活用した優れた空間利用法であった。採光、通風の問題が解決されれば、湿気の問題も解決が可能である。ただし今日において、冬季間の寒さが健康上の大きな問題になっているが、断熱材、ペアーガラス、暖房器具の有効利用等、近代的工法によって暖かい冬を過ごす形ができあがっている。

一方閉塞感の問題は、坪庭、中庭、裏庭といった外部空間を取り入れることで解消を試みており、このことは採光、通風とも密接に関連している。また生活動線が混線しやすいという問題は、表から裏まで広めの通りニワを通し、台所と食堂を軸に家族が共有する施設を集中させ、二階に個室を配置することで生活動線を単純化していることも参考になるであろう。

先に京町屋の間取りの一例を示したが、この家の屋敷の面積は約六〇坪であり、屋敷地を有効に活用し、合理的な生活を営んでいることがわかる。収納の問題の解決策として、裏庭の一番奥には小規模であるが土蔵を建てており、主屋では収納しきれないものを収納している。日常的に使用するものと、ある時期に特別使用するものを分けて収納しているのである。さらに裏庭は後ろの家との距離を保ち採光、通風にも役立っている。

このほかの問題として各住宅メーカーは、太陽光を活用して蓄電し災害時に備えること、国主導による耐火・耐震の規格がなされるなど、災害に備えた対応をとっている。その内容については第三者を含めて詳細に検討しなければならないが、安全な生活を営むための工夫が盛り込まれていることは事実である。とくに近年は災害に遭遇する機会が増えている。日本において安全な生活は伝統的な課題であり、そのための対策は今後も継続して対応していくことになるであろう。

本書は須藤と横田の共著である。

旧岡本家解体以前の準備を含め2年あまり現場に通い詰め、観察と実測、写真撮影、職人さんからの聞き書きなどを共同でおこなった。本文の執筆は須藤がおこなったが、本文の内容については互いに議論をする中で深めたものであり、その議論を受けて原稿を手なおしし、作成している。また現場で撮影した10数万枚の写真選定の作業なども共同でおこなった。

現場でその都度繰り返し話し合い、たがいに自分には無い新しい視点が与えられる日々は、今までの経験に深みと広がりを与え、大きな学びを得ることができた。初めて体験することも多く2年にわたる調査であったが、たがいに補い合うことで記録を取り続けることができた。本文の文責は須藤にある。

本文中のイラストは鈴木雅によるものである。イラストのキャプションに名前のないものは、須藤が担当した。

最後になったが、この書を上梓するにあたり次の方々に多くの助言をいただき、また大変お世話になりました。この場をお借りして御礼を申し上げます。

大澤秀一、大澤久子、石沢佳子、石田鎮男、中邑智子、三浦直次、中井敏晴、西村正道、鎌田謙二、森江秀行、森江康平、内藤孝人、中田末男、渡辺紀彦、田中恵理子、湯木野一郎、西村正和、小林康隆、高坂三男、馬場良雄、飛田久尚、山本隆一

（順不同・敬称略）

〈主な参考文献〉

『滋賀銀行五十年史』滋賀銀行五十年史編纂室　1985
『日本名所図会全集―伊勢参宮名所図会（全）名著普及会』1975（復刻版発行）
『絵巻物による日本常民生活絵引（第一巻）』1984　渋沢敬三・神奈川大学日本常民文化研究所
『絵巻物による日本常民生活絵引（第二巻）』1984　渋沢敬三・神奈川大学日本常民文化研究所
『絵巻物による日本常民生活絵引（第五巻）』1984　渋沢敬三・神奈川大学日本常民文化研究所
『日本絵巻物全集　一遍聖絵』1960　角川書店
『近世風俗図譜3洛中洛外（一）』1983　小学館
『近世風俗図譜4洛中洛外（二）』1983　小学館
『近世風俗図譜8祭礼（一）祇園祭礼図・日吉山王祭礼図』1982　小学館
『近世風俗図譜12職人』1983　小学館
『比叡山―みほとけの山』大津市歴史博物館　2015
『岡山県高梁市史』高梁市史編纂委員会　1991
石川松太郎校注『庭訓往来』1973　平凡社
寺島良安『和漢三才図絵5』1986　平凡社
石井進『中世のかたち』2002　中央公論新社
『かわら』大津市歴史博物館2008　大津市
『竹中大工道具館常設展示図録』2014　竹中大工道具館
『図解木造伝統構法』1989「棟梁に学ぶ家」グループ
『伝統建具の種類と製作技法』大工道具研究会2012　成文堂新光社
『木組み・継手と組手の技法』大工道具研究会2012　成文堂新光社
日本民俗建築学会『民家大事典』2005　柏書房
武井豊治『古建築辞典』1994　理工学社

『日本大百科全書』１９８５、１９８６　小学館
北村又左衛門『吉野林業概要』１９５４　北村林業
『中国地方の町並み1備中吹屋』成羽町教育委員会１９７７　東洋書林
『福井県史通史編４　近世二』１９９６　福井県
竹内理三ほか編『角川日本地名大辞典26京都府上巻』１９８２　角川書店
吉川金次『鋸』１９７６　法政大学出版局
川島将生『町衆のまち・京』１９７６　柳原書房
西岡常一ほか『法隆寺　日本最古の木造建築』１９８０　草思社
末永雅雄・井上光貞編『高松塚壁画古墳』１９７２　朝日新聞社
永島正春「漆工技術の発達と特質」『季刊考古学95』吉川弘文館　２００６
北野信彦「歴史的な木造建築におけるベンガラ塗装の研究（１）」日本文化財科学会vol59　２００９
太田博太郎『日本建築の特質』岩波書店　１９８３
佐藤日出夫『日本座敷の工法』１９７９　理工学社
伊藤ていじ『民家は生きてきた』１９６３　美術出版社
伊藤ていじ『中世住居史』１９５８　東京大学出版会
小川光暘『寝所と寝具の歴史』１９７３　雄山閣
原田多加司『屋根の日本史』２００４　中央公論社
亀井勝一郎『日本人の精神史第一部』１９７４　講談社
島村昇・鈴鹿幸雄ほか『京の町屋』１９７１　鹿島出版会
丸山敏明『京都の歴史と消防　千年の都市防火性能』２０２２　大龍堂書店
羽原又吉『漂海民』１９６３　岩波書店
東靖晋『最後の漂海民』２０１８　弦書房
須藤護『穴太衆積みと近江坂本の町』２０２１　サンライズ出版

著者略歴

須藤　護（すどう・まもる）

1945年、千葉県生まれ。武蔵野美術大学造形学部建築学科卒業。近畿日本ツーリスト（株）日本観光文化研究所々員、龍谷大学教授を経て現在民俗文化財保護事業と地域研究に従事。民俗学専攻。

主要著書・論文

「奥会津の木地師」『民具と生活』日本生活学会 1976
『暮らしの中の木器』　ぎょうせい 1982
『集落と住居』（山口県東和町誌各論）東和町 1986
『ふるさと山古志に生きる』（共著）農文協 2007
『木の文化の形成－日本の山地利用と木器の文化』　未来社 2010
「苗族の住まいと木工技術」『国際文化研究』龍谷大学 2006
「古代の轆轤工と渡来人ＩⅡ」『国際文化研究』龍谷大学 2009 ～ 10
「比叡山坂本の研究ＩⅡⅢ」『国際文化研究』龍谷大学 2011 ～ 13
『雲南省ハニ族の生活誌』　ミネルヴァ書房 2013
『あるくみるきく双書－宮本常一と歩いた昭和の日本』（共著）　農文協など

著者略歴

横田　雅美（よこた・まさみ）

愛知県名古屋市出身。愛知県立芸術大学音楽学部音楽科器楽管打楽器専攻卒業。音楽活動を通して人々の生活に関心を抱き、民俗学を志す。地域文化財資料整理に関わり、田上郷土史料館館報『田上の衣生活資料』に文章を寄せる。現在も衣生活を含め聞き書き、学びを深めている。今回の作業を通して、住まいと人びとの暮らしについて興味が広がった。

イラスト　鈴木　雅

近江・坂本の町屋　旧岡本家解体記
―解体から再生へ―

2025年2月26日　初版第1刷発行

著　者　須藤　護・横田　雅美
発行者　岩根　順子
発行所　サンライズ出版
〒522-0004 滋賀県彦根市鳥居本町655-1
TEL. 0749-22-0627　FAX. 0749-23-7720

 ISBN978-4-88325-831-4